# 주자의 공부방법론 연구

# 주자의 공부방법론 연구

송 봉 구 著

 한국학술정보㈜

**|서 문|**

이 책은 주자의 공부방법론인 거경궁리에 대해서 서술한 것이다. 거경공부는 항상 내 마음을 깨어 있게 해서 외부 사물에 의해서 유혹을 당하지 않게 하는 것이고, 궁리공부는 내 마음의 이치와 외부 사물의 이치를 탐구해서 이치의 뿌리를 확인하는 것이다. 두 가지 공부방법론인 것 같지만 마지막에는 하나로 귀결되는 공부방 법론이다. 그 하나는 내 마음속에 있는 본성이다. 이 본성이 현상 으로 드러나서 모든 만물의 이치가 된다. 그래서 내 마음속의 본 성을 확인하기 위해서는 내 마음을 외부 사물에게 빼앗기지 않도 록 먼저 마음을 항상 각성 상태에 있도록 만들어야 한다. 이것이 경에 있는 것이다. 항상 이 상태에 있으면 내 마음의 본성을 깨달 을 수 있지만, 깨닫는다고 모든 일이 끝나는 것은 아니다. 현실의 삶을 제대로 살기 위해서는 본성의 모습을 확인하는 것도 중요하 지만, 또 중요한 하나는 그 본성이 만들어낸 현실의 다양한 이치 의 모습을 궁구하는 것이다. 현실의 다양한 이치의 모습을 궁구해 야 그 상황에 알맞게 살아갈 수 있다. 다양한 이치를 궁구하는 것 이 바로 궁리공부이다. 궁리공부를 하다 보면 하나의 이치가 상황 에 따라서 다른 모습으로 표현되고 있다는 것을 안 수 있다. 그리 고 결국 알게 되는 것은 궁극적인 하나의 이치다. 이것을 알기 위해서 안으로 살피기도 하고 밖으로 살피기도 한 것이다. 밖으로 살피는 공부가 궁리공부라면 직접 내 마음을 살피는 공부방법으로 정좌공부가 있다.

이 방법은 유학의 역사에는 맹자가 제시하고 있지만 자세한 방법론을 제시하고 있는 것은 아니다. 자세한 방법론을 제시하고 있는 것이 선불교이다. 선불교에서 그 흐름이 어떻게 변천했는지 이 글의 2장 2절에서 살펴볼 것이다. 이 방법론을 받아들여서 송대의 학자들이 어떻게 자기화하는지 그 과정을 2장 3절에서 살펴보고, 주자가 어떻게 계승 발전시키는지 3장에서 살펴볼 것이다. 이러한 과정을 거쳐서 주자가 완성한 공부방법은 바로 경이다. 이런 관점에서 이 책을 읽어보면 흥미롭게 읽을 수 있을 것이다.

경공부를 통해서 마음을 항상 깨어 있게 만들었다면 그 다음 과정은 밖의 이치를 살피는 격물치지공부이다. 이 과정은 4장에서 살펴볼 것이다. 주로 앞선 성인들이 기록으로 남겨 놓은 글을 통해서 이치를 궁구하고 결국은 하나의 이치를 확인하는 것이다. 그래서 이 둘의 공부방법을 통해서 도달하고자 하는 목표는 바로 평범한 인간의 성인화이다. 맹자는 모든 사람은 요, 순처럼 될 수 있다고 했고, 부처는 모든 사람과 사물은 부처가 될 수 있다고 했다.

이 두 철인들의 공부방법을 기가 막히게 엮어서 새로운 시대 흐름을 만든 사람이 바로 주자이다. 그 공부방법의 조화를 살펴보는 것이 이 책의 목적이다. 아쉬운 것은 주자 이후의 공부방법론은 어떻게 변화 발전했는지 이 책에서는 살펴볼 수 없다. 다음 기회에 그 과정을 살펴볼 것이다.

마지막으로 이 공부를 하는 동안 많은 사람에게 은혜를 입었다. 그분들에게 감사의 말을 전하고 싶다. 가장 먼저 떠오르는 분은 바로 부모님이다. 자식 사람 만들기 위해서 힘든 농사일을 평생하시다가 돌아가신 아버님과 지금도 농사일을 하시는 어머님 앞에 큰절 올린다. 다음은 나의 지도교수님이신 이기동 선생님이다. 스무 살에 처음 만나 20년이 지난 지금까지 돌아보면 우리 선생님이 계시지 않았다면 오늘의 내가 있었을까 하고 생각해본다. 한 번도 화내지 않고 차근차근 이끌어주신 그 은혜 평생 잊을 수 없다.

　그리고 논문을 완성하는데 많은 도움을 주신 여러분들께 감사드린다.

　유학의 공부방법론을 통해서 자기를 변화하고 싶은 사람은 이 책을 읽어보기 바란다.

# |목 차|

Ⅰ. 序 論 ……………………………………………………………… 11
  1. 硏究目的 …………………………………………………………… 11
  2. 硏究範圍와 方法 ………………………………………………… 16

Ⅱ. 朱子의 修養과 體認의 先河 ……………………………… 21
  1. 本原儒學의 敬工夫와 學問觀 ………………………………… 21
    1) 博文約禮와 敬工夫 ………………………………………… 22
    2) 養氣知言과 求放心 ………………………………………… 38
  2. 禪學의 靜坐와 窮理 …………………………………………… 64
    1) 禪學의 坐禪과 窮理 ……………………………………… 64
    2) 李翺의 靜坐와 窮理 ……………………………………… 71
  3. 宋學의 涵養과 窮理 …………………………………………… 75
    1) 張載의 常心과 窮理 ……………………………………… 75
    2) 程伊川의 涵養과 進學 …………………………………… 88

Ⅲ. 朱子의 主靜持敬論 …………………………………………… 113
  1. 主靜持敬論의 理論的 背景 …………………………………… 113
    1) 人性論과 敬 ………………………………………………… 113
    2) 心性論과 敬 ………………………………………………… 117
  2. 本心의 保存을 위한 主靜 …………………………………… 122
    1) 靜 坐 ………………………………………………………… 123
    2) 存 養 ………………………………………………………… 136

  3. 現實 속에서의 持敬 ……………………………………… 145
    1) 整齊嚴肅 ………………………………………………… 145
    2) 主一無適 ………………………………………………… 150

Ⅳ. 朱子의 格物致知論 ………………………………………… 155
  1. 格物致知論의 理論的 背景 ………………………………… 155
    1) 理一分殊와 窮理 ……………………………………… 161
    2) 性卽理와 窮理 ………………………………………… 164
  2. 格物致知의 過程 …………………………………………… 170
    1) 事物之理의 探究 ……………………………………… 170
    2) 吾心之理의 擴充 ……………………………………… 180
    3) 豁然貫通 ……………………………………………… 184

Ⅴ. 居敬工夫와 窮理工夫를 통한 人格完成 ……………… 197
  1. 居敬과 窮理의 調和 ……………………………………… 197
  2. 心과 身의 調和 …………………………………………… 206
  3. 主體와 對象의 調和 ……………………………………… 211

Ⅵ. 結 論 ……………………………………………………… 217

參考文獻 ……………………………………………………… 223

# Ⅰ. 序  論

## 1. 研究目的

이 연구의 목적은 중국 송나라 때의 儒學者인 朱子의 居敬窮理論을 修養과 認識의 문제를 중심으로 분석하는 것이다. 朱子의 居敬窮理論은 평범한 사람이 聖人이 되기 위한 공부방법론이다. 居敬工夫는 놓아버린 마음을 모으는 修養方法論이며, 窮理工夫는 마음이 모아진 상태에서 세상 사물의 이치를 궁구하는 認識方法論이다.

居敬窮理의 공부방법론은 朱子에게만 있는 것은 아니다. 근원을 찾아가면 孔子·孟子에게서도 居敬窮理의 공부방법론을 확인할 수 있다. 孔子와 孟子는 敬공부를 두 가지 방면에서 언급하고 있다. 하나는 일이 있을 때, 즉 사람이나 일을 마주했을 때, 일이나 상대방을 공경하는 의미로서의 敬이고, 둘은 일이 없을 때, 즉 사람이나 일을 마주하지 않고 자기 혼자 있을 때, 수양하는 방법의 敬이 있다.

이 둘의 공부방법론이 朱子에 이르면 靜과 動의 공부방법론으로 종합된다. 靜의 상태에서는 靜坐를 통해서 놓아버린 마음을 모으고, 動의 상태에서는 主一無適이나 常惺惺을 통해서 모은 마음을 놓아버리지 않게 하는 공부방법론이다. 그런데 靜의 상태에서 공부하는 靜坐의 공부방법은, 孔子와 孟子에서 볼 수 없는 주자만이

특이한 공부방법론이다. 孔子와 孟子에게서 보이지 않던 정좌의
공부방법론이, 宋 代 性理學에서 등장한 것이다. 어떤 과정을 거쳐
서 이러한 공부방법론이 나오게 되었는지 그 출처를 찾아보는 것
이 이 연구의 첫째 목적이다.

기존의 논문에도 靜坐에 대한 언급은 있지만, 정좌가 어떤 과정
을 거쳐서 성리학의 공부방법으로 자리를 잡게 되었는지 깊이 있
게 연구한 논문은 별로 보이지 않는다.[1] 기존의 논문은 靜坐의 목

---

[1] 『주자의 선불교 비판연구』에서 윤영해는 정좌에 대해 다음과 같이 서
술하고 있다. "주자는 정좌를 목적으로 삼지 않았다. 정좌는 오히려
격물궁리를 위한 수단이라고 할 수 있는 것이다. 불교는 수단이 되어
야 할 정좌를 목적으로 삼는다는 것이 선불교의 공부방법에 대한 주
자의 한 비판이다. ……문을 닫아걸고 침묵 속에 앉아 있는 것이 정
좌는 아니다. 일이 없을 때 정좌하고 일이 있으면 일에 응하라" 이는
정좌의 의미와 위치 등은 잘 알 수 있는 서술이지만, 정좌하는 방법
이나 정좌가 주자의 공부론에 있어서 어떤 변화 과정을 밟았는지 등
에 대한 연구는 보이지 않는다.
『주자도덕 철학연구』에서 주천령은 정좌를 한 부분으로 분리해서 서
술하지는 않고, 主敬 부분에서 서술하고 있다. 그래서 정좌의 역할을
축소시키는 면이 있다. 그는 마음을 안정시키기 위한 방편으로 정좌
를 제시하고 있으며, 주렴계에서 정이천까지 정좌가 어떻게 변화했는
지 잘 서술하고 있다. 그러면서 유가의 정좌법은 불교의 '坐禪入靜,
死守虛靜'의 공부방법과는 다르다고 서술하고 있다. 이는 정좌의 자세
등에 대해서는 참조할 수 있지만, 주자가 정좌에 대해서 어떤 태도를
가지고 있었는지에 대해서는 자세히 알 수 없는 단점이 있다.
『心經의 구성과 수양론 연구(二)』에서 오석원은 정좌를 다음과 같이
서술하고 있다. "정자는 미발 시 中을 체인하는 구체적 방법으로 정
좌를 강조하기도 하였다. 본래 정좌하여 체인한다는 말은 불교의 육
조에서 제기한 것으로 善도 생각하지 않고 惡도 생각하지 않으면 본
래의 면목을 알 수 있게 된다는 것이다……주자도 초년에는 미발의
기상을 체인하고 정좌법을 중요시 여겼으나 나중에는 구중설과 마찬

적・방법 등은 언급하고 있지만, 주자가 靜坐를 처음에는 강조하다가 나중에는 상대적으로 덜 중요하게 취급하는 이유를 상세하게 분석하고 있지 않다. 靜坐의 의미에 대해서 상세하게 연구했을 때, 靜坐와 敬, 그리고 窮理의 관계가 상호 밀접하게 연관되어 있고, 이 중에 하나라도 결여되면 주자의 공부방법론이 제대로 분석되지 않는다는 것을 알 수 있다.

그렇다면 朱子가 靜坐를 강조하는 이유는 무엇인가? 그것은 주자가 말하는 공부의 목적과 관련이 있다. 朱子가 공부를 통해서 성취하려고 한 것은 聖人이 되는 것이었다. 주자는 聖人을 때에 맞게 실천하는 사람으로 묘사하고 있다.[2] 그러나 현실적으로 聖人이 된다는 것은 힘든 일이다. 왜냐하면 인간은 기본적으로 욕심을 가지고 있기 때문이다. 욕심을 가지고 있기 때문에 모든 일에 때에 맞게 대응한다는 것은 어렵다. 태어날 때부터 최고의 氣質을 받아도 聖人이 되기는 힘들다. 그런데 대부분의 사람은 한쪽에 치우친 氣質을 받았기 때문에 聖人이 되기는 더욱 힘들다. 그래서 보통 사람이 자신의 욕심에 끌려가지 않고, 자기가 자신을 조절

---

가지로 체인설의 문제점을 지적하였다. 처음 배우는 사람들이 잡념을 세시히는 방법으로 징좌를 하는 깃은 문제가 될 것이 없다는 입장이었다. 그러나 잡된 사념을 없애도록 하는 방법일 뿐이지 사려작용 자체를 없애는 것이 아님을 유의해야 한다고 하였다." 필자도 이 논리에 동의한다. 그리고 여기에 첨가하여 정좌를 행할 때의 자세와 행하는 방법에 대해서 서술했다.

2) 『朱子大全』卷38 "盖熹之所聞以爲天下之物無一物不具夫理 是以聖門之學下學之序始於格物 以致其知不離乎日用事物之間別其是非審其可否 由是精義入神以致其用".

가능한 사람이 되려면 居敬窮理공부를 해야 한다. 이 공부를 하려면 선배들이 기록해 놓은 거경궁리공부에 대한 글을 먼저 읽는 것도 중요하다. 그러나 더 중요한 것은 글만 읽어서는 자신의 욕심을 극복하기 힘들다는 것이다.

그래서 자신이 직접 자신의 몸과 마음을 통해서 자신을 돌아보는 공부인 靜坐공부를 해야 자신의 욕심을 발견하고, 그것을 극복할 수 있는 진실한 방법을 찾을 수 있게 된다.[3] 靜坐공부를 실천해 보지 않고 다른 사람이 기록해 놓은 글을 읽고 敬을 말하는 사람과 직접 체험을 해본 사람이 敬을 말하는 경우는 그 느낌과 깊이가 상대방에 다르게 전달된다는 것이다.

따라서 朱子가 敬을 언급하는 내용을 읽어 보면 정좌를 직접 체험해서 마음이 깨어 있었다는 것을 알 수 있다. 그러므로 주자의 공부론을 언급할 때, 靜坐를 결여하고 敬을 언급한다는 것은 주자의 敬을 상세히 이해하지 못한 것이라고 생각한다. 靜坐의 의미가 상세하게 연구되면, 다음에는 居敬과 窮理의 상호관계에 대해 연구해야 한다. 朱子는 居敬과 窮理의 상호관계를 두 가지로 나눈다. 하나는 居敬工夫를 바탕으로 하는 窮理工夫의 확충이고, 둘은 窮理工夫를 통한 居敬工夫의 확충이다.[4] 여기서 居敬工夫를 바탕으로 하는 窮理工夫의 확충은 정좌를 통해 마음을 깨어 있게 한 상

---

3) 『朱子語類』 卷13 "未知學問 此心渾爲人欲 旣知學問 則天理自然發見 而人欲漸漸消去者 固是好矣 然克得一層 又有一層 大者固不可有 而纖 微尤要密察".

4) 『朱子語類』 卷9 "學者工夫 唯在居敬窮理二事 此二事互相發 能窮理 則 居敬工夫日益進 能居敬 則窮理工夫日益密".

I. 序 論 **15**

황에서 더 깊은 앎을 위해서 계속 궁리한다는 것이고, 궁리공부를 통한 거경공부의 확충은5) 마음이 아직 깨어 있는 상태가 되지 않았는데, 일이 자기 앞에 왔을 때, 일을 窮理하지 않고, 마음을 깨어 있게 한 다음에, 일을 궁리하려고 해서는 안 되고, 내 앞에 일이 왔을 때, 일을 피하지 말고 마음을 가다듬으면서, 바로 궁리를 하면 그 궁리한 만큼 내 마음이 깨어 있게 된다는 것이다.

窮理공부를 통한 居敬공부의 확충은 쉽지 않다. 마음이 아직 깨어 있지 않은 상황에서, 사물의 이치를 연구하면 이치가 파악되는 일은 적고, 자주 사물의 모양이나 이름에 묶여 다른 곳으로 관심이 옮겨간다. 이럴 경우에 정좌를 통한 경공부가 필요한 것이다. 그렇다고 정좌를 해서 마음이 완전히 깨어 있는 상황이 된 후에 궁리공부를 하자는 것을 강조할 수도 없다. 왜냐하면 사람의 마음은 계속 변화하기 때문에 어디까지가 마음이 깨어 있는 상태인지 그 경계를 확정하기가 쉽지 않기 때문이다.

그래서 주자는 정좌를 강조하면서도, 靜의 공부에 몰입하면 자기 앞에 다가오는 일 처리를 외면할 수 있는 위험을 제공할 수 있기 때문에, 靜坐의 공부 범위를 현실을 경영하는 데 장애를 받지 않고, 敬의 상태로 바뀌는 데 장애를 받지 않는 범위 내에 적절하게 자리매김하고 있다. 이러한 관계를 분석하는 것이 이 연구의 두 번째 목적이다.

---

5) 『朱子語類』 卷12 "人若要洗 舊習都淨了 却去理會此道理者 無是理 只是收放心 把持在這裏 便須有箇眞心發見 從此便去窮理".

## 2. 研究範圍와 方法

주자의 居敬窮理는 주자 이전까지 존재했던 유학 및 불교의 공부방법을 집대성한 것이다. 그래서 주자의 居敬窮理를 서술하려면 주자 이전의 居敬窮理를 먼저 서술하고, 그것이 주자에게 어떤 영향을 미쳤는지 그 관계를 서술하면 될 것이다.

2장은 주자의 修養과 體認의 先河에서는 세 부분으로 나누어 서술할 것이다. 첫째로 本原儒學의 敬工夫와 學問觀에 대해서 서술할 것이다. 공자와 맹자의 경공부와 학문관에 대해서 서술할 것이다. 공자의 경공부와 학문관은 '博文約禮'에 잘 나타난다. 공자 敬의 측면은 '約禮'에 해당되고, 窮理의 측면은 '博文'에 해당된다. 이둘의 의미와 관계에 대해서 서술할 것이다.

다음으로 孟子의 養氣知言과 求放心에 대해서 살펴볼 것이다. 맹자의 居敬에 해당하는 부분이 養氣이고, 窮理에 해당하는 부분이 盡心과 知言이다. 특히 맹자의 養氣는 송대의 성리학자들에게 敬의 측면에서 큰 영향을 미친다. 그리고 이 둘의 관계에 대해서 서술할 것이다.

둘째로 禪學의 靜坐와 坐禪에 대해서 서술할 것이다. 이 부분에서는 朱子의 敬에 영향을 끼친 禪學의 坐禪과 窮理를 서술할 것이다. 여기서는 육조 혜능을 중심으로 살펴볼 것이다. 그리고 당나라 이고 및 북송의 주렴계의 靜坐와 窮理에 대해서 서술할 것이다.

셋째로 宋學의 涵養과 窮理에 대해서 서술할 것이다. 이 부분에서는 朱子의 居敬窮理와 직접 관련이 있는 장재와 이천의 居敬窮理에 대해서 서술할 것이다.

3장은 朱子의 主靜持敬論에 대해서 서술할 것이다. 첫째로 朱子의 主靜持敬論의 이론적 背景에 대해서 서술할 것이다. 크게 두 가지로 나누어 서술할 것이다. 하나는 人性論과 敬에 대해서 서술할 것이다. 여기서는 먼저 사람의 惡이 어디에서 由來하는지 그 근원을 살펴야 한다. 그 근원으로 天命之性과 氣質之性을 거론한다. 天命之性은 순수한 善이다. 그러므로 惡의 근원은 氣質之性에서 찾을 수밖에 없다. 그러므로 天命之性과 氣質之性을 분석해서 먼저 惡의 근원을 찾고 그 다음에는 敬工夫를 통해서 악의 근원을 변화시키면 된다.

둘째로 心性論과 敬에 대해서 살펴볼 것이다. 여기서는 敬工夫를 실제로 담당하는 주체에 대해서 서술할 것이다. 敬工夫를 하는 주체는 마음이다. 그리고 마음은 실제로 눈으로 확인할 수 있는 '情'이 있고, 눈으로 확인할 수는 없지만 '情'의 이면에서 '情'을 조절하고 있는 '性'이 있다. 이 관계를 주자는 '心統性情'이라고 했다. 즉 마음은 性과 情을 함께 거느린다는 것이다. 그래서 확인할 수 없는 '性'이 드러나면 '情'이 되는 것이다. 이때 마음을 잘 조절하면 惡한 情이 되지 않는다. 이 공부를 敬工夫라고 하는 것이다.

셋째로 朱子 敬工夫의 구체적 내용에 대해서 살펴볼 것이다. 敬공부의 내용으로 마음이 아직 사물과 접하지 않았을 때 本性을 직접 涵養하는 靜坐와 마음이 사물과 접하여 인식이 일어날 때 사물의 겉모양이나 이름을 따라가지 않고 사물의 핵심인 이치를 파악할 수 있도록 하는 공부인 省察에 대해서 서술할 것이다.

靜坐는 선불교의 좌선·간화선·묵조선과 많은 연관성을 가지고 있기 때문에 이들과의 연관성을 서술할 것이고 정좌공부를 할 때 어떤 자세를 취하고 마음이 분산될 때 무엇에 집중을 해서 마음의 분산을 막았는지 『朱子語類』나 『心經』을 근거로 서술할 것이다. 그리고 움직일 때도 언제나 敬의 상태에 있을 수 있는 방법에 대해서 서술할 것이다. 그 내용으로 主一無適·整齊嚴肅·常惺惺·其心收斂不容一物이 있다.

4장은 朱子의 格物致知論에 대해서 서술할 것이다. 첫째로 주자 궁리론의 이론적 배경으로서 理一分殊와 性卽理에 대해서 알아볼 것이다. 주자 궁리론의 핵심은 개별 사물의 이치를 궁구하는 공부를 통해서 자신의 본성을 확인하는 것이다. 개별 사물의 이치를 궁구하는 것이 어떻게 나의 본성을 확인하는 방법이 되는 것인가? 즉 개별 사물의 이치와 내 마음에 있는 본성이 어떻게 같을 수 있는가? 주자는 같아질 수 있는 근거로 理一分殊와 性卽理를 거론한다. 이 둘의 개념분석을 통해서 사물의 이치를 궁구하는 것이 곧 내 마음의 본성을 인식하는 것이라는 것을 증명할 것이다.

둘째로 窮理論의 내용으로 格物致知의 과정에 대해서 서술할 것이다. 사물지리의 탐구라는 의미에서 格의 의미와 物의 범주에 대해서 살펴보고 오심지리의 확충이라는 의미에서 致와 知의 의미에 대해서 살펴볼 것이다. 그리고 格物致知의 최종 결과인 豁然貫通에 대해서 서술할 것이다.

格物은 사물이 가지고 있는 자기 고유의 이치를 궁구하는 것이다. 처음 사물을 궁구할 때는 사물의 이치는 서로 다른 것 같지만 오랫동안의 궁구를 통해서 근원적인 이치를 확인하면 같은 하나가 다른 모습으로 나누어졌다는 것을 알게 된다. 그러면 사물에 대응할 때 그 사물의 고유의 이치에 따라서 대응을 하지만 그 근원은 하나라는 것을 알기 때문에 서로 나누어지는 결과는 없게 된다.

5장에서는 朱子의 거경공부와 궁리공부를 통한 인격완성에 대해서 서술할 것이다. 첫째로 居敬窮理의 상호관계에 대해서 서술할 것이다. 그 관계를 서술하자면 居敬이 工夫의 근본이고 궁리는 거경의 바탕 위에 하는 공부방법이다. 그러나 이렇게 한 면으로 서술할 수 없는 측면도 있다. 거경공부를 통해서 놓아버린 마음을 붙잡아서 깨어 있는 상황에서 궁리공부를 하는 도중에 또 마음이 달아나는 경우가 있기 때문이다. 그래서 궁리공부를 하는 도중에 거경공부도 항상 같이해 나가야 한다는 것을 알 수 있다. 그러므로 이 둘의 관계는 항상 같이 움직여야 하는 공동 운명체임을 알 수 있다.

둘째로 몸과 마음의 조화에 대해서 서술할 것이다. 일이 없을 때 靜坐工夫를 통해서 마음을 깨어 있게 하는 것이 있고, 일이 있을 때 마음을 깨어 있게 하는 持敬工夫가 있다. 물론 두 공부의 목적은 모두 마음이 다른 대상에 의해서 지금 있는 이 자리에서 옮겨가지 않도록 하는 것이다. 靜坐공부를 할 때나 持敬工夫를 할 때 처음부터 마음을 지금 이 자리에 있도록 하기가 쉽지는 않다. 지금까지 해왔던 습관에 의해서 마음은 평소에 추구하던 욕심을 따라서 옮겨 가버린다. 이런 상태를 몸과 마음이 분리된 상태라고 할 수 있을 것이다. 이런 상태에서 놓아버린 마음을 다시 몸 안으로 불러들이기 위해서는 마음을 어떤 한 대상에 고정시켜 그 대상을 바라보게 하거나 그 대상만 생각하게 하는 두 가지 방법이 있다. 이 두 방법을 사용하면 마음은 달아나지 않을 것이다. 이렇게 되면 마음 가는 데 몸이 있고 몸 가는 데 마음이 있게 된다. 그 방법에 대해서 서술할 것이다.

셋째로 주체와 대상의 조화에 대해서 서술할 것이다.

주자 공부론의 특징은 경건함을 유지하는 공부를 통해서 자신의 마음을 항상 지금 이 상황에 깨어 있게 한 다음에 궁리공부를 통해서 아직 세밀하게 밝히지 못한 세상의 이치를 궁구하는 것이다. 세상의 이치를 궁구해야 할 필요성은 그 사물이 가지고 있는 고유의 이치를 정확하게 알아야 그에 알맞게 실천할 수 있기 때문이다. 세상 사물이 가지고 있는 이치를 파악하고, 파악한 이치에 따라 실천할 수 있는 힘은 바로 우리가 가지고 있는 마음이다. 이 마음, 즉 주체가 항상 깨어 있고, 만나는 상황이나 사물, 즉 대상에 대해서 그 이치를 분명하게 알고 있다면 행동으로 옮기는 것은 어렵지 않을 것이다. 그리고 이러한 상황을 빠르게 실천으로 옮겨 깨어 있는 삶을 산 결과 자신에게 긍정적인 결과를 얻어서 다른 사람에게 이러한 삶을 권장하기 위해서 노력한 주자의 인생에 대해서 살펴볼 것이다.

# Ⅱ. 朱子의 修養과 體認의 先河

## 1. 本原儒學의 敬工夫와 學問觀

本原儒學의 敬工夫와 學問觀을 서술하기 전에 孔子로부터 朱子에 이르기까지 敬의 개념이 어떻게 변화했는지 그 과정을 서술하면 다음과 같다.

敬은 인간이 원시의 종교 신앙으로부터 탈피하거나 독립해 나오면서 생긴 이른바 우환의식을 처리하는 최초의 덕목으로 나온 것이다. 사람의 모든 행위를 자기 책임 아래에 놓고 그 책임을 수행할 수 있는 공덕을 기르는 경덕(施於事)과 명덕(求於心)의 양면적인 의의를 가졌던 것이다. 이것은 주로 주나라 초기 사상(주로 『상서』와 『詩經』에 나타난다)의 핵심을 이루었는데 그 후 『論語』에 자주 나오는 敬(21군데 나온다)은 대부분 求於心에 쓰이기보다는 施於事에 쓰이고 있어 敬의 의의가 후퇴하거나 격하되는 인상을 주었다. 아마도 이는 주나라 초기에 여러 덕목 중의 하나로 제기된 敬보다 변두리에 속해 있던 仁이 반대로 중심 덕목으로 격상함에 따라 敬이 주로 사물에 대처하는 몸가짐 같은 바깥쪽으로 밀려났던 것이 아닌가 생각된다. 그러나 敬이 수양공부의 요체인 求於心 쪽으로 다시 자리잡게 된 것은 『易傳』의 「坤卦文言」에 나오는 "敬以直內, 義以方外"라는 구절이 중시되면서부터이다. 이는 다시 한 내 이래 당대의 주소학에서 外貌와 內心, 結心

과 表述 등 여전히 양면적인 의의로 왔다 갔다 하다가 마침내 「坤卦文言」의 본래 의미대로 내면적인 쪽으로 기울어져 송명 성리학에서 특별히 제기된 敬을 낳게 한 것이다.[6]

敬의 의미를 施於事와 求於心의 두 측면으로 나누어 설명하고 있다. 『論語』에서는 체험적 측면이 강했다가 『周易』에 이르면 내면적 측면이 강해진다. 그리고 漢代를 거쳐서는 다시 양면의 의미를 가지다가 宋代 性理學에 이르면 다시 向內的 측면으로 기울어지는 변화를 거친다.

朱子는 이러한 변화를 경험하는 敬의 의미를 施於事의 측면에서는 '일이 있을 때 상대방을 공경하는 의미로서의 敬으로'(有事時의 敬), 求於心의 측면에서는 '일이 없을 때 자신을 수양하는 의미로서의 敬으로'(無事時의 敬) 나누어 설명한다.[7] 두 측면의 구체적 내용을 孔子·孟子의 工夫論을 통해서 알아보자.

## 1) 博文約禮와 敬工夫

孔子가 『論語』에서 敬을 언급하는 횟수는 모두 21번이다. 孔子가 언급한 敬의 의미는 朱子가 언급한 것과 같이 크게 둘로 나누

---

6) 김충렬, 『동양사상산고 Ⅱ』, pp.187-188.
7) 『朱子語類』卷12 "無事時敬在裏面 有事時敬在事上 有事無事 吾之敬未嘗間斷也 且如應接賓客 敬便在應接上 賓客去後 敬又在這裏 若厭苦賓客 而爲之心煩 此却是自撓亂 非所謂敬也".

어진다. 하나는 일이 있을 때(有事時) 상대방에 대한 공경이나, 일에 대한 공경을 의미하고, 다른 하나는 일이 없을 때(無事時) 자기 자신을 수양하는 방법으로서의 敬을 의미한다.

먼저 일이 있을 때 상대방에 대한 공경을 의미하는 敬을 孔子는 다음과 같이 언급한다.

> 부모를 섬기는 데는 은미하게 간해야 하니, 부모의 뜻이 내 말을 따라오지 않음을 보고서도 또 공경하여 어기지 말아야 하며, 수고로워도 원망하지 않아야 하느니라.[8]

> 문인들이 자로를 공경하지 아니하사, 공자께서 말씀하셨다. "유는 당에는 올랐고, 실에는 들어오지 못하였느니라."[9]

孔子는 공경의 대상으로 부모와 자로를 거론하고 있다. 먼저 부모를 공경해야 하는 이유는 다음 글에 잘 드러난다.

> 인간의 노리 중에서 가장 중요한 것이 부모와 하나 됨을 유지하는 것이다. 현실적으로 이 세상에서 오직 부모만이 나를 자기처럼 아끼고 사랑해 주므로 나에게 있어서 가장 중요한 것이 부모의 사랑을 회보하고 유지하는 것이다. 부모가 나쁜 일을 할 때는 나쁜 일을 한 후에 가서 따질 것이 아니라 나쁜 일을 하기 전에 나쁜 일을 할 것 같은 조짐이 보일 때 은밀히 설득함으로써 미연에 방지해야 한다. 그러나 자기의 뜻이 잘 받아들여지지 아니할

8) 『論語』, 「里仁」, '18장', "子曰 事父母 幾諫 見志不從 又敬不違 勞而不怨".
9) 『論語』, 「先進」, '14장', "門人 不敬子路 子曰 由也 升堂矣 未入於室也".

때 강력히 요구하여 따지다 보면 서로 다투게 되어 가장 중요한 하나 됨을 잃을 수가 있으므로 더 이상 따지지 아니한다. 그렇다고 해서 나쁜 일을 하는 것을 보고만 있을 수는 없다. 지금까지보다 더욱 공경하고 자녀에 대한 부모의 희망을 저버리지 않기 위하여 더욱 노력하며 부모를 섬기는 일이 비록 수고스럽더라도 가장 가치 있는 일임을 깨달아 원망하지 않고 꾸준히 노력하면 부모는 결국 반성하고 돌아설 것이다.[10]

이 세상에서 부모처럼 나를 아껴주는 사람이 없기 때문에, 모든 인간관계에서 오는 갈등을 해소시키기 위해서는 우선 우리는 부모와 하나 됨을 유지해야 한다. 그러므로 부모와 하나 됨을 유지하기 위해서는 부모에 대한 공경이 요구된다. 그러나 이러한 내용을 우리는 머리로는 알고는 있지만, 좋지 않은 상황을 맞이했을 때, 즉 부모님이 일 처리를 잘못했을 경우에 그 상황에서 부모님을 평소와 마찬가지로 공경하기란 쉬운 일이 아니다. 이럴 경우에도 자식은 부모님을 더욱 공경해서 부모와 하나 됨을 손상해서는 안 되는 것이 참된 공경이다.

자로의 경우도 마찬가지다. 孔子의 입장, 즉 스승의 입장에서는 자로의 수준을 평가해서 아직 미치지 못했다고 말할 수 있지만, 다른 제자들이 이 말을 듣고 자로를 공경하지 않는 태도는, 이미 제자들의 마음속에 자로를 무시하는 마음이 먼저 있는 것이다. 이와 같이 상대방을 무시하는 마음을 먼저 자기 마음속에 가지고서 상대방을 공경하는 것은 불가능하다. 그러므로 상대방을 진정으로

---

10) 이기동, 『論語講說』, p.150, 성균관대학교 출판부, 1996.

공경하기 위해서는 그 대상이 부모이든 동료든, 먼저 내 마음속에
공경심이 있어야 된다는 것을 알 수 있다. 그렇다면 무슨 공부를
어떻게 했을 때, 내 마음속에 공경심을 보존할 수 있을까? 이것이
바로 일이 없을 때, 자기 자신을 수양하는 방법으로서의 敬이다.
孔子는 일이 없을 때, 자기 자신을 수양하는 방법의 敬에 대해서
다음과 같이 말하고 있다.

　　군자가 공경하는 마음을 가지면서 잃음이 없으며, 남과 더불어
　사귐에 공손하면서 예가 있으면, 사해의 안이 모두 형제가 되니,
　군자가 어찌 형제가 없는 것을 근심하리오.11)

　　자로가 군자를 묻자 공자께서 말씀하셨다. "敬으로써 자기를
　닦느니라."12)

　인용문 11)은 사마우의 질문에 자하가 孔子에게 들었던 것을 알
려주는 내용이다. 여기서 공자는 모든 사람들과 형제가 되는 방법
으로, 먼저 자기 자신을 敬으로 지키시 잃어버리지 않아야 된다고
말한다. 그런데 자기 자신을 敬으로 지킨다는 것이, 구체적으로 무
엇을 말하는지 내용이 드러나 있지 않다.

　그리고 인용문 12)도 자로의 질문에 孔子가 대답하는 것인네,

---

11) 『論語』, 「顔淵」, '5장', "司馬牛憂曰 人皆有兄弟 我獨亡 子夏曰 商聞
　　之矣 死生有命 富貴在天 君子敬而無失 與人恭而有禮 四海之內 皆兄
　　弟也 君子何患乎無兄弟也".
12) 『論語』, 「憲問」, '45장', "子路問君子 子曰 修己以敬 曰如斯而已乎 曰修
　　己以安人 曰如 斯而已乎 曰修己以安百姓 修己以安百姓 堯舜 其猶病諸".

이 문답 역시 자신을 수양하는 방법으로서의 敬에 대한 구체적인 언급은 보이지 않는다. 孔子가 말하는 자기 자신을 수양하는 방법으로서의 敬의 내용을 볼 수 있는 곳이 '克己復禮'이다.

> 안연이 인을 묻자 공자께서 말씀하셨다. "자기를 이기고서 예로 돌아가는 것이 인을 하는 것이니 하루라도 자기를 이기고서 예에 돌아가면 천하가 인으로 돌아간다. 인을 하는 것이 자기로 말미암 는 것이니 남으로 말미암는 것이겠는가?" 안연이 "청컨대 그 조목을 묻고자 합니다." 하니 공자께서 말씀하셨다. "예가 아니면 보지 말며 예가 아니면 듣지 말며 예가 아니면 말하지 말며 예가 아니면 행하지 말지니라" 안연이 말했다. "제가 비록 민첩하지는 않으나 기꺼이 이 말씀을 일삼겠습니다."13)

顔淵의 仁이란 무엇인가라는 질문에 孔子는 자기를 이기고서 예로 돌아가는 것이 仁이라고 답했다. 여기서 仁을 朱子는 '본마음의 온전한 덕'14)이라고 했고 극복의 대상인 자기를 '몸에 있는 사사로운 욕심'15)이라고 했다. 朱子의 논리에 의하면 본래의 마음은 완전한 善이었는데, 몸에 있는 감각기관의 욕심에 의해서 본래의 완전했던 마음이 무너진 것이라고 할 수 있다.16) 그래서 무너진

---

13) 『論語』, 「顔淵」, '1장', "顔淵 問仁 子曰 克己復禮爲仁 一日克己復禮 天下歸仁焉 爲仁 由己而由人乎哉 顔淵曰 請問其目 子曰 非禮勿視 非 禮勿聽 非禮勿言 非禮勿動 顔淵 曰 回雖不敏 請事斯".

14) 『論語集註』, 「顔淵」, "仁者 本心之全德".

15) 『論語集註』, 「顔淵」, "己 謂身之私欲也".

16) 『論語集註』, 「顔淵」, "蓋心之全德 莫非天理 而亦不能不壞於人欲".

본래의 마음을 회복하기 위해서는, 몸에 있는 감각기관의 욕심을 제어함으로써 본래의 마음을 다시 회복해야 한다는 것이다. 여기서 몸에 있는 감각기관의 욕심은 감각기관이 가지고 있는 기질적인 요소이다. 이것은 사람마다 다르기 때문에 감각기관이 외부 사물과 만났을 때 반응하는 것 또한 사람마다 다르다. 그래도 顔淵은 3개월 정도 仁에서 벗어나지 않는 좋은 기질을 가지고 있는 사람이었다. 그래서 孔子는 顔淵에게 바로 마음을 깨어 있게 하는 핵심적인 방법을 제시해 준 것이다.

　눈으로 바깥 사물을 볼 때, 마음이 깨어 있지 않은 사람은 자기도 모르게 바깥 사물의 모양이나 이름에 현혹되어 자신의 본성을 놓아버리고 바깥 사물의 이름이나 모양을 따라가 버린다. 이런 상황을 연출하지 않기 위해서는 어떤 실천항목을 설정해서 꾸준하게 공부해야 한다. 그 실천항목으로 孔子는 禮가 아니면 보지 말고, 듣지 말고, 말하지 말고, 움직이지 말라고 한 것이다. 여기서 禮가 아닌 것을 정자는 사사로운 마음[17]이라고 했고, 주자는 자기가 가지고 있는 사사로움[18]이라고 했다. 그러므로 예가 아닌 것은 자기 마음에 욕심이 있는 것이라고 할 수 있다. 내 마음에 욕심이 있어서 어디에 붙잡혀 있으면, 눈앞에 무엇이 다가와도 그냥 지나치거나 아니면 욕심에 맞는 사물이 오면 그것을 붙잡기 위해 그 사물을 따라가 버린다. 그래서 내 마음이 예로 되어 있지 않을 경우에 보지도, 듣지도, 말하지도, 움직이지도 말라고 한 것이다. 그러므로

---

17)『論語集註』,「顔淵」, "程子曰 非禮處 便是私意".
18)『論語集註』,「顔淵」, "非禮者 己之私也".

이와 같이 공부를 하면 마음이 깨어 있게 될 것이다. 그때는 즉 마음이 깨어 있을 때는 보고, 듣고, 말하고, 움직여도 바깥 사물에 의해서 마음이 흔들리는 경우는 없을 것이다. 그러면 보고, 듣고, 말하고, 움직일 때 어떻게 하면 바깥 사물을 따라가지 않고 사물을 바르게 인식할 수 있을까? 孔子는 구체적 방법으로 '九思'를 제시하고 있다.

> 공자께서 말씀하셨다. "군자는 아홉 가지 생각이 있으니, 보는 데는 밝음을 생각하며, 듣는 데는 귀 밝음을 생각하며, 얼굴은 온화함을 생각하며, 용모에는 공손함을 생각하며, 말에는 충실함을 생각하며, 일에는 공경함을 생각하며, 의심이 나면 물을 것을 생각하며, 분할 때는 어려움을 생각하며, 이득을 보면 의로움을 생각하느니라"[19]

마음으로 사물이나 사람을 볼 때는 다른 잡념이 일어나지 못하게, 보는 그 순간에 마음을 밝게 보려고 노력하면 마음이 깨어 있게 되어서 바깥 사물에 의해 눈의 감각기관이 가려서 바깥 사물을 따라가는 병폐는 없을 것이다. 들을 때에도 마찬가지다. 듣는 그 순간에 밝게 들으려고 집중하면 마음이 깨어 있게 되어서 귀는 바깥 소리에 의해 내 마음을 어지럽히는 경우는 없을 것이다. 말할 경우에도 그 순간에 집중함으로써 마음이 깨어 있게 되어서 서로의 관계를 분산시키는 말은 하지 않게 된다.

---

19) 『論語』, 「季氏」, '10장', "孔子曰 君子 有九思 視思明 聽思聰 色思溫 貌思恭 言思忠事思敬 疑思問 忿思難 見得思義".

북송의 程子(1033-1107)는 이를 각각 그 하나에 온전히 하는 공부[20]라 했고, 謝良佐(1050-1103)는 아직 중도에 이르지 못했을 때는 때로 스스로를 살피지 않음이 없으면 비록 보존되지 않는 것이 있더라도 적을 것이니 이를 진실함을 생각하는 것[21]이라 했다. 이렇게 모든 일에 온전히 집중해서 살핌으로써 본래 마음을 온전하게 회복하는 것이, 孔子의 일이 없을 때, 자신을 수양하는 방법으로서의 敬工夫이다.

여기에서 敬工夫의 구체적인 내용을 확인할 수 있다. 그런데 孔子가 언급한 경공부의 특색을 宋代의 학자들과 비교해 보면, 孔子에게 없던 방법이 宋代의 학자들에게 나타나는데, 그것은 宋代의 학자들은 敬工夫를 할 때 靜坐를 중요시한다. 우리가 살펴본 것과 같이, 孔子의 공부방법에는 고요히 앉아서 자신의 마음을 관조하는 靜坐는 찾을 수가 없다. 孔子의 공부방법에 정좌는 없었지만, 孔子가 항상 마음을 경건하게 가졌다는 것을 알 수 있다. 그렇다면 靜坐 대신에, 孔子 나름의 마음을 깨어 있게 하는 공부방법이 있었다는 것을 알 수 있다.

孔子는 위에서 언급한 내용과 같이 실제 생활에서 禮를 중시함으로써 자신을 깨어 있게 했다. 그러나 禮는 잘못하면 형식에 얽매이는 결과를 초래할 수 있다. 그래서 공자는 공부의 완성을 "음악에서 완성한다고"[22] 하였다. 孔子가 음악에 얼마나 심취하였는

---

20) 『論語集註』, 「季氏」, "程子曰 九思 各專其一".
21) 『論語集註』, 「季氏」, "謝氏曰 未至於從容中道 無時而不自省察也 雖有不存焉者 寡矣 此之謂思誠".
22) 『論語』, 「泰伯」, '8장', "成於樂".

지 "제나라에서 韶를 들으시고 3개월 동안 고기 맛을 알지 못하셨 다고"[23] 한다. 여기서 고기 맛은 인간의 감각기관이 가장 좋아해 서 극복하기 힘든 것인데, 孔子는 음악을 들음으로써 감각기관의 유혹을 뿌리치고 마음의 평화를 얻고 깨어 있게 되었다는 것을 알 수 있다.

그러므로 孔子는 宋代의 학자들이 사용했던 靜坐의 공부방법이 없어도, 다른 방법을 통해서 자신을 항상 경건하게 해서 실제 생 활에서 깨어 있었다는 것을 알 수 있다. 이것을 통해서 우리는 孔 子가 하늘에서 받은 기질이 보통 사람보다 우수하다는 것을 알 수 있다. 孔子 본인은 자신을 나면서부터 아는 사람이라는 것을 인정 하지 않았지만, 그 제자들은 孔子를 나면서부터 아는 사람으로 인 정하고 있다. 이런 상황에서 기질이 孔子에 미치지 못하는 후대 사람들은 마음을 깨어 있게 하기 위해서 더욱 확실한 방법론이 필 요했다. 그래서 宋代에 靜坐와 같은 방법론이 나왔을 것이다. 이것 은 나중에 언급하겠지만 불교의 영향을 받아서 출현한 것이다. 그 러나 儒學의 歷史에서 새롭게 변화 발전하여 고유한 방법론으로 자리매김한다. 다음으로 孔子의 窮理에 대해서 살펴보자.

孔子의 공부방법 중에 窮理에 해당하는 것은 '博學於文'[24]이다. 이 문장의 의미는 '글을 넓게 배운다는 것'이다. 孔子는 글을 넓게 배워서 자신의 근본을 알았을 뿐만 아니라, 세상을 다스리는 이치 도 터득했다. 그래서 孔子에 있어서 '博學'의 의미는 곧 宋代 性理

---

23) 『論語』, 「述而」, '13장', "子在齊聞韶 三月 不知肉味".
24) 『論語』, 「雍也」, '25장', "君子博學於文".

學의 窮理 부분에 해당된다. 먼저 孔子는 '學'의 중요성에 대해서 다음과 같이 말하고 있다.

> 애공이 묻기를 "제자들 중에 누가 학문을 좋아합니까?" 하니 공자께서 대답하셨다. "안회라는 사람이 있어 학문을 좋아하여 노여움을 남에게 옮기지 아니하며 잘못을 다시 저지르지 않더니 불행히도 명이 짧아 죽은지라 이제는 없으니, 배우기를 좋아하는 자를 듣지 못했습니다."[25]

孔子는 위 글에서 '學'을 좋아하게 되면 노여움을 남에게 옮기지 않으며, 잘못을 다시 저지르지 않는 효과가 있다고 말했다. 그 이유를 알아보자. '學'을 통해서 우리가 배울 수 있는 것은 다양하다. 위 글의 잘못을 다시 저지르지 않는 것과 관련해서 예를 들어보자.

사람은 누구나 부모에게 효도해야 된다는 것은 알고 있다. 그러나 현실적으로 살펴보면 부모에게 효도하지 않는 사람이 많다. 이것은 잘못을 다시 저지르지 않는 안연의 공부 효과와 거리가 멀다. 부모에게 효도해야 된다는 것을 알았다면, 다시는 부모에게 효도하지 않는 일은 하지 말아야 할 것이다. 그런데 그렇게 되지 않는 이유는 어디에 있을까? 그것은 효도에 대해서 참으로 알지 못하기 때문이다. 사람이 효도해야 되는 근본 이유를 알면, 효도하는 것에 대해서 다시는 잘못을 서지르지 않을 것이다.

그렇다면 사람이 효도를 해야 되는 근본 이유는 무엇일까? 이런

---

25) 『論語』, 「雍也」, '2장', "哀公 問弟子 孰爲好學 孔子對曰 有顏回者好學 不遷怒 不貳過 不幸短命死矣 今也則亡 未聞好學者也".

이유를 태어나면서부터 아는 사람이 없기 때문에 성현이 남겨 놓은 가르침을 통해서 의미를 깨우쳐 나간다. 먼저 쉽게 다가오는 배움은 물질적인 봉양을 통해서 부모님의 몸과 마음을 편하게 해드리는 것이다. 이것은 조금만 생각하면 자식으로서 당연히 해야 할 일이고, 바깥으로 드러난 일이기 때문에 누구나 쉽게 이해할 수 있다.

그러나 여기에서 멈추지 말고, 좀더 깊은 내용을 배워서 깨우쳐야 한다. 그 내용으로 부모님의 마음을 편안히 해드리는 방법에 대해서 배워야 한다. 부모님의 마음을 편안히 해드리는 일은 물질적인 봉양만큼 쉽지는 않다. 우선 부모님의 마음을 이해해야 한다. 그리고 자신의 마음도 이해해야 한다. 부모님과 자신의 마음을 이해한 결과, 사람의 마음에는 변하는 마음과, 변하지 않는 마음이 있다는 것을 알게 된다. 그래서 부모님이 자식에게 마음에 없는 말을 할 때, 자식은 그것이 변하는 마음 때문에 자기도 모르게 하는 행위임을 알고, 그 말에 부모님에게 화를 내지 않을 수 있어야 한다. 그래야 부모님과 자식의 관계가 유지될 수 있고, 부모는 자식을 사랑할 수 있고, 자식은 부모를 믿고 존경할 수 있다. 그래서 부모님을 믿고 존경하는 이 마음을 가지고, 이웃의 어른을 존경하면 남에게 화를 옮기지 않게 되는 경지까지 이르게 된다. 이것이 배움의 과정이고, 그 효과라고 할 수 있다.

그렇다면 이러한 '學'을 성취할 수 있는 방법은 무엇인가? 孔子는 몇 가지 방법을 제시한다. 우선은 배움을 싫어하지 말라고 한다.[26] 그리고 널리 배우라고 한다.[27] 배운 것을 반드시 생각을 통

해서 자기 것으로 만들어야지 그렇지 않으면 배워도 소용이 없다
고 한다.[28] 이 글에서 언급한 배움의 공통점은 배운다고 바로 자
기 것이 되지 않는다는 것이다. 반드시 생각이나 禮를 통해서 자
신을 돌아보는 기회를 가져야 자기 것이 된다는 것을 알 수 있다.

그리고 아울러 배우지 않으면 여섯 가지의 폐단이 생긴다고 한다.

인을 좋아하기만 하고 배우기를 좋아하지 않으면 그 폐단이 어
리석게 되고, 지혜를 좋아하기만 하고 배우기를 좋아하지 않으면
그 폐단이 허황되고, 믿음을 좋아하기만 하고 배우기를 좋아하지
않으면 그 폐단이 해지게 되고, 곧음을 좋아히기만 하고 배우기를
좋아하지 않으면 그 폐단이 급하게 되고, 용맹함을 좋아하기만 히
고 배우기를 좋아하지 않으면 그 폐단이 어지럽게 되고, 강함을
좋아하기만 하고 배우기를 좋아하지 않으면 그 폐단이 경솔하게
되느니라.[29]

단지 마음으로 인·지혜·믿음·곧음·용맹함·강함 등을 좋아
하기만 하고 배움을 통해서 이치를 밝히지 못하면, 위와 같은 여
섯 가지 폐단이 일어나게 된다. 이 폐단을 극복하려면 배워서 이
치를 밝혀야 할 것이다. 이 배움의 내용을 孔子는 詩를 배우는 것,
禮를 배우는 것, 易을 배우는 것 등으로 말하였다.

---

26) 『論語』, 「述而」, ‘2장’, “子曰 默而識之 學而不厭 誨人不倦 何有於我哉”.

27) 『論語』, 「雍也」, ‘25장’, “子曰 君子博學於文 約之以禮 亦可以弗畔矣夫”.

28) 『論語』, 「爲政」, ‘15장’, “子曰 學而不思則罔 思而不學則殆”.

29) 『論語』, 「陽貨」, ‘8장’, “子曰 由也女聞六言六蔽矣乎 對曰未也 居 吾
語女 好仁不好學 其蔽也愚 好知不好學 其蔽也蕩 好信不好學 其蔽也
賊 好直不好學 其蔽也絞 好勇不好學 其蔽也亂 好剛不好學 其蔽也狂”.

孔子는 詩를 배움으로써 흥기할 수 있으며, 볼 수 있으며, 사귈 수 있으며, 원망할 수 있으며, 가까이는 부모를 섬길 수 있으며, 멀리는 임금을 섬길 수 있고, 조수와 초목의 이름을 많이 알 수 있다30)고 하였다. 또 禮를 배움으로써 설 수 있다31)고 하였고, 易을 배움으로써 큰 잘못이 없을 것32)이라고 하였다.

詩·禮·易은 孔子 이전에 성인들이 고대의 지혜를 모아 놓은 책이다. 詩는 사람의 性情을 바르게 표현했기 때문에 詩를 배움으로써 善을 좋아하고 惡을 미워하는 마음을 일으켜서 일의 是非를 정확하게 가릴 수 있게 된다. 그리고 禮는 공경·사양을 근본으로 하기 때문에 그곳에는 절문과 도수가 상세하게 갖추어져 있다. 그래서 禮를 배움으로써 스스로 우뚝 설 수 있게 되고, 사물에 의해서 마음을 빼앗기지 않게 된다. 그리고 易은 吉凶消長의 이치와 進退存亡의 道를 가지고 있는 책이다. 이를 배움으로써 큰 허물이 없게 되는 것이다.

지금까지 孔子의 敬工夫와 學問觀에 해당하는 '博文約禮'에 대해서 살펴보았다. 孔子의 敬工夫는 朱子와 마찬가지로 두 가지 차원에서 전개되었다는 것을 알 수 있다. 하나는 일이 있을 때, 상대방이나 일을 공경하는 것과, 둘은 일이 없을 때, 자신을 수양하는 의

---

30) 『論語』, 「陽貨」, '9장', "子曰 小子 何莫學夫詩 詩 可以興 可以觀 可以群 可以怨 邇之事父 遠之事君 多識於鳥獸草木之名".

31) 『論語』, 「季氏」, '13장', "陳亢問於伯魚曰 子亦有異聞乎 對曰 未也 嘗獨立 鯉趨而過庭 曰學詩乎 對曰未也 不學詩 無以言 鯉退而學詩 他日 又獨立 鯉趨而過庭 曰學禮乎 對曰未也 不學禮 無以立 鯉退而學禮 聞斯二者 陳亢 退而喜曰 問一得三 問時問禮 又問君子之遠其子也".

32) 『論語』, 「述而」, '16장', "子曰 加我數年 五十以學易 可以無大過矣".

미의 敬이다. 孔子의 敬工夫는 둘로 나뉘지만, 더욱 많이 등장하는 방법은 일이 있을 때 일이나 상대방을 공경하는 방법이다. 이것은 일상적인 일을 통해서 형이상학적인 이치를 탐구한다는 공자의 정신과 서로 통한다. 그리고 孔子의 學問觀도 세상 사물의 이치를 탐구하는 朱子의 窮理와 다르지 않다는 것을 알 수 있다.

다만 朱子는 세상 사물의 이치를 탐구하는 주체인 '마음'에 대해서 정밀하게 분석하는데, 공자는 마음에 대한 정밀한 분석은 하지 않는다. 이것은 이미 孔子는 마음에 대한 정밀한 분석을 하지 않아도 항상 깨어 있을 수 있었기 때문에, 굳이 마음을 분석하지 않았다고 여겨진다.

그리고 孔子는 두 가지 공부방법의 관계를 '忠信'을 통해서 드러내고 있다.

> 군자가 중후하지 않으면 위엄스럽지 못하니, 배운 것도 견고하지
> 못하니라. 충실과 믿음을 위주로 하며 자기만 못한 이를 벗 삼지 말
> 고 허물이 있으면 고치기를 꺼려하지 말아야 하느니라.[33]

孔子는 두 가지 측면을 아울러 말하고 있다. 하나는 내면이 중후해야 된다는 측면과 또 하나는 배움의 측면이다. 곧 내면이 중후해야 배우는 것도 견고해진다는 의미이다. 내면을 중후하게 만드는 방법으로 忠과 信을 말하고 있는데, 이것이 곧 敬工夫이다. 이 敬을 확립한 상태에서 배워야 된다는 것이다. 이 배우는 것이

---

33) 『論語』, 「學而」, "子曰 君子不重則不威 學則不固 主忠信 無友不如己者 過則勿憚改".

다름 아닌 窮理의 과정이라 할 수 있다. 朱子의 언급을 통해서 둘의 관계를 좀더 확실히 알 수 있다.

　　"人道는 오직 忠信에 있고 誠이 아니면 사물이 없다는 것에 대해서 질문합니다." 답하기를 "무릇 사물의 도래함을 응접할 때 모두 마땅히 내 誠心을 다해서 응접해야 비로소 하나의 사물이 있게 된다. 한 건의 일을 할 때 자기의 마음이 일에 있지 않으면 이 한 일은 이루어지지 않으니 곧 이 일이 없어지는 것이다. 예를 들어 讀書할 때 자기의 마음이 책에 있지 않으면 곧 이 책이 없는 것이다."라고 했다.[34]

　朱子는 사물을 처리할 때, 자기의 마음을 성심껏 하지 않으면 그 일은 의미가 없게 된다고 하였다. 그러니까 일을 완성하기 위해서는 내 마음을 먼저 단속해야 된다는 것이다. 이 상태에서 사물에 나아가 사물의 이치를 궁구하면 그 일이 완성되는 것이다. 또 다른 글에서 居敬과 窮理(學)의 관계를 찾아보자.

　　군자가 문에서 널리 배우고 요약하기를 예로서 하면 또한 가히 (道에) 어긋나지 않을 것이로다.[35]

　위 글에서 역시 孔子는 두 과정을 말하고 있다. 하나는 文을 널리 배우는 과정과, 둘은 배운 것을 禮로 요약하는 과정이다. 文을

---

34)『朱子語類』卷21 "問 人道惟在忠信 不誠無物 曰 凡應接事物之來 皆當盡吾誠心以 應之 方始是有這箇物事 且幹一件事 自家心不在這上 這一事便不成 便是沒了這事 如 讀書 自家心不在此 便是沒這書".

35)『論語』,「雍也」, "子曰 君子博學於文 約之以禮 亦可以弗畔矣夫".

널리 배우는 것이 窮理의 과정이고 배운 것을 禮로 요약하는 것이
敬의 과정이라고 할 수 있다. 이 둘의 관계를 朱子의 글을 통해서
더욱 분명하게 알 수 있다.

> 만약 널리 배우기만 하고 예로서 요약하지 않으면 어찌 道에서
> 어긋나지 않음을 알겠는가? 한갓 예로써 요약하는 것만 알고 널
> 리 배우지 않으면 이른바 요약한다는 것이 옳은 것인지 그른 것
> 인지 모를 것이며 또한 道에 어긋나지 않을 수 없을 것이다.[36]

널리 배우기만 하고, 예로써 요약하지 않아도 어긋나고, 예로서
요약하는 것만 알고, 널리 배우지 않으면 요약하는 섯이 옳은 깃인
지 그른 것인지 알 수 없어서 역시 어긋난다고 서술하고 있다. 朱子
는 구체적으로 博文에 대해서는 "조목이 많아서 일마다 이해해야
하지만 예는 도리어 하나의 도리"라고 하고, "볼 때에도 하나의 예
이고 들을 때에도 하나의 예이고 말할 때도 하나의 예이고 움직일
때에도 하나의 예이다. 만약 널리 배우기만 하고 예로서 요약하지
않으면 곧 돌아갈 곳이 없게 된다. 예컨대 書經·詩經·易經·春秋
를 배울 때 각각 스스로 하나의 실마리가 있다. 만약 단지 조목상에
시 많은 공부만 하고 자기의 몸에서 모두 돌이키지 않으면 곧 道에
서 어긋날 것이다"라고 했다. 즉 朱子는 博文을 詩·書·易·春秋를
배우는 것이라 하고 禮를 자기의 몸에 있는 감각기관을 다스리는
섯이라 했다. 널리 배우기만 하고 자신의 감각기관을 단속하지 않으

---

36) 『朱子語類』卷33 "若博學而不約之以禮 安知不畔於道 徒知要約而不博
學 則所謂約者 未知是與不是 亦或不能不畔於道也".

면 배운 것이 자기 것이 되지 않는다. 그러면 배운 것이 의미가 없어진다. 그리고 자기 몸의 감각기관만 단속하고 널리 배우지 않으면 내가 지금 무엇을 하고 있는 것인지 알지 못한다. 그래서 역시 어긋나는 것이다. 그러므로 가장 바람직한 것은 자기 몸의 감각기관을 잘 단속해서 마음을 깨어 있게 한 상태에서, 『詩』・『書』・『易』・『春秋』 등의 책을 탐구해서 세상의 이치를 알고, 그리고 실천하는 것이라고 할 수 있다.

## 2) 養氣知言과 求放心

孔子의 敬이 일이 있을 때 상대방을 공경하는 것과, 일이 없을 때 자신을 수양하는 방법으로서의 敬으로 전개되었다면, 孟子의 敬도 공자의 敬과 마찬가지로 두 가지 방면으로 전개된다. 그런데 孟子의 敬은 일이 없을 때, 자신을 수양하는 방법으로서의 敬의 의미가 매우 강하다. 그러므로 여기서는 일이 없을 때, 자신을 수양하는 방법의 측면에서 맹자의 敬을 서술하겠다.

일이 없을 때, 자신을 수양하는 방법의 측면에서 孟子의 敬을 서술하기 위해서는 孟子가 수양을 어떻게 했는지 그 방법론에 대해서 살펴보아야 한다. 孟子에 있어서 수양을 하는 주체는 사람의 몸이고, 사람의 몸을 움직이는 것은 마음이다. 그러므로 孟子의 敬을 알아보기 위해서는 孟子의 思想에서 마음은 어떻게 구성되어 있고, 무슨 기능을 하는지 먼저 서술해야 한다. 孟子는 마음(心性)을 다음과 같이 말한다.

　사람들에게 모두 남에게 차마 하지 못하는 마음이 있다고 말하는 근거가 되는 것은 지금 사람들이 갑자기 어린아이가 곧 우물에 들어가려는 것을 보고는 모두 깜짝 놀라고 측은하게 여기는 마음을 갖는 것이니, 그렇게 함으로써 어린아이의 부모와 교분을 맺으려는 것이 아니며, 그렇게 함으로써 향당과 친구들에게 명예롭게 되기를 구하려는 것도 아니며, 그 (비난하는) 소리를 (듣기) 싫어해서 그렇게 한 것도 아니다. 이로 말미암아서 살펴본다면 측은하게 여기는 마음이 없으면 사람이 아니며, 부끄러워하고 미워하는 마음이 없으면 사람이 아니며, 사양하는 마음이 없으면 사람이 아니며, 시비를 가리는 마음이 없으면 사람이 아니다. 측은하게 여기는 마음은 仁의 단서이고, 부끄러워하고 미워하는 마음은 義의 단서이고, 사양하는 마음은 禮의 단서이고, 是非를 가리는 마음은 知의 단서이다. 사람이 이 四端을 가지고 있는 것은 그가 四體를 가지고 있는 것과 같으니, 이 四端을 가지고 있으면서 자기는 할 수 없다고 하는 자는 자신을 해치는 자이고, 자기 임금은 할 수 없다고 하는 자는 자기의 임금을 해치는 자이다. 무릇 四端이 나에게 있는 것을 모두 넓혀서 채울 줄 알면 마치 불이 처음 타오르며 샘물이 처음 솟아나는 것과 같을 것이니, 진실로 이것을 채울 수 있다면 그로써 四海를 보호할 수 있거니와, 진실로 이것을 채우지 못하면 그 때문에 부모를 섬길 수도 없을 것이다.[37]

---

37)『孟子』,「公孫丑 上」, "所以謂人皆有不忍人之心者 今人乍見孺子將入
　於井 皆有怵惕惻隱之心 非所以內交於孺子之父母也 非所以要譽於鄕
　黨朋友也 非惡其聲而然也 由是觀之 無惻隱之心 非人也 無羞惡之心
　非人也 無辭讓之心 非人也 無是非之心 非人也 惻隱之心 仁之端也
　羞惡之心 義之端也 辭讓之心 禮之端也 是非之心 智之端也 . 人之有
　是四端也 猶其有四體也 有是四端而自謂不能者 自賊者也 謂其君不能
　者 賊其君者也 凡有四端於我者 知皆擴而充之矣 若火之始然 泉之始
　達 苟能充之 足以保四海 苟不充之 不足以事父母".

인간은 선천적으로 착한 마음을 가지고 있다. 그것을 알 수 있는 것은 어린아이가 우물에 빠지려고 할 때, 누구나 어떤 선입관 없이 아이를 구하려고 한다는 것이다. 이러한 사람들의 행동을 볼 때 우리의 마음은 모두 착하다는 것이다.

그리고 이 마음을 분석해 보면, 마음이 대상 사물과 접했을 때 마음은 네 가지로 드러나고, 드러난 네 가지 마음의 뿌리로서 仁義禮智가 있다고 하였다. 이 드러난 네 가지 마음과, 네 가지 마음의 뿌리와의 관계를 맹자는 철학적으로 분석을 하지 않았다. 이유는 분석할 필요가 없기 때문이다. 맹자 당시의 논리로 다른 사상과 상대가 가능했기 때문일 것이다. 그러나 朱子가 살던 시대는 佛敎라는 치밀한 사상을 가진 가르침이 있었기 때문에, 佛敎와 상대하기 위해서는 儒學의 마음에 대한 분석도 더욱 치밀함을 요구했을 것이다. 그래서 朱子는 둘의 관계를 性과 情으로 표현했다. 즉 仁義禮智는 性이요, 惻隱·羞惡·辭讓·是非는 情이다. 朱子에 있어서 性은 초월적인 존재이기 때문에 직접 파악할 수는 없지만, 性에서 나온 情을 파악함으로써 간접적으로 性의 존재를 파악할 수 있다. 즉 표현된 情을 통해서 性을 확인할 수 있다. 이 논리를 孟子에 적용해 보면 情은 단서고, 단서인 情을 찾아들어 가면, 그 뿌리를 확인할 수 있다는 것이다.

어린아이가 우물에 빠지면 사람은 누구나 측은지심이 일어나는데, 이 측은지심을 통해서 仁을 확인하는 것이다. 이렇게 보면 心과 性은 서로 떨어질 수 없는 관계라고 할 수 있다. 드러난 네 가지 마음을 확충시키는 것이, 결국 네 가지 性을 기르는 것이다. 이것을 孟子는 存心·養性이라고 했다. 그러므로 항상 마음을 깨어 있게 하려면 마음이 바깥 사물에 의해 흔들리지 않도록 해야 한다는 것을 알 수 있다. 마음을 흔들리게 하는 외부 사물의 대표적인 것으로 孟子는 돈과 여자라고 한다. "제 선왕이 돈과 여자를 좋아하기 때문에 왕도정치를 할 수 없다는 말에 孟子는 돈과 여자를 혼자 좋아하지 말고 백성들과 함께 좋아하면 왕도정치 하는 데 큰 어려움이 없다"고 하였다.[38] 이 대화에서 孟子는 제 선왕이 돈과 여자를 좋아하기 때문에 왕도정치를 할 수 없다는 말에 돈과 여자를 혼자만 차지하려는 욕심을 버리고, 국민에게 욕심을 골고루 나누는 정치를 하면 당신도 왕도정치를 할 수 있다고 했다. 여기서 孟子에게는 감각기관이 가지고 있는 욕구, 즉 돈과 여자를 가지고 싶은 마음은 없애야 할 대상이 아니라, 조절해야 할 대상으로 인식되었다는 것을 알 수 있다. 다음 글에서 이러한 내용을 자세히 알 수 있다.

입이 맛을 좋아하는 것, 눈이 빛을 좋아하는 것, 귀가 소리를 좋아하는 것, 코가 냄새를 좋아하는 것, 몸이 안일함을 좋아하는 것은 본질적인 것이지만 한계가 있기 때문에 군자는 본질적인 것이라고 하지 아니한다.[39]

<hr/>

38) 『孟子』, 「梁惠王下」, "王曰 寡人有疾 寡人好色 對曰 昔者大王好色 愛厥妃 詩云 古公亶甫 來朝走馬 率西水滸 至于岐下 爰及姜女 聿來胥宇 當是時也 內無怨女 外無曠夫 王如好色 與百姓同之 於王何有".

39) 『孟子』, 「盡心 下」, "孟子曰 口之於味也 目之於色也 耳之於聲也 鼻之於臭也 四肢之 於安佚也 性也 有命焉 君子不謂性也".

孟子에게 있어서 감각기관이 가지고 있는 욕구는 우리가 살아가기 위해서 꼭 필요한 것이기 때문에 그 욕구를 알맞게 추구하는 것은 문제가 되지 않는다. 다만 자기 혼자만의 욕구 만족을 위해서 감각기관이 가지고 있는 욕구를 무한대로 추구하다 보면 결국 제 선왕처럼 왕도정치를 할 수 없는 지경에 이른다는 것을 알 수 있다. 그래서 맹자는 감각기관이 가지고 있는 욕구를 충족시키는 것을 본질적인 것이 아니라고 하였다. 그러면 우리가 추구해야 할 본질적인 욕구는 무엇일까? 孟子는 그것을 '仁義禮智'라고 했다.

仁이 부자관계에서 추구되는 것, 義가 군신관계에서 추구되는 것, 禮가 빈주관계에서 추구되는 것, 智가 현자관계에게서 추구되는 것, 聖人이 天道에게서 추구되는 것은 한계가 있는 것이지만 본질적인 것이므로 군자는 한계가 있는 것이라고 하지 아니한다.[40]

우리가 추구해야 할 본질적인 것은 부자관계·군신관계·빈주관계·현자·천도 등에서 표현되는데, 관계 자체는 외부에 존재하는 객관적인 조건들이므로 누구나 충족할 수 있는 본질적인 것이 아니라는 한계가 있지만, 부자관계에서 추구되는 仁, 군신관계에서 추구되는 義, 빈주관계에서 추구되는 禮, 현자에게서 추구되는 知, 천도에서 핵심이 되는 誠 등은 사람의 마음속에서 본래부터 갖추고 있는 본질적인 것이고, 또 그것에 말미암아서 사는 삶은 가장 가치 있는 삶이므로, 한계가 있는 것이라 생각해서 추구하지 않아

---

40) 『孟子』, 「盡心下」, "仁之於父子也 義之於君臣也 禮之於賓主也 智之於賢者也 聖人之 於天道也 命也 有性焉 君子不謂命也".

서는 안 된다41)고 했다.

따라서 인간이 추구해야 할 것은, 내 마음에 본래 있기 때문에 아무리 추구해도 한계가 없는 나의 본성이라는 것을 알 수 있다. 그런데 이 본성은 미미하기 때문에 확충하기가 쉽지 않다.

孟子는 心의 기능을 가지고 미미한 본성을 기르는 방법을 제시한다.

> 비록 사람에게 있는 것인들 어찌 어질고 의로운 마음이 없겠는가마는 그 양심을 놓아버리는 것이 또한 도끼로 나무를 아침마다 가서 베는 것과 같으니, 그러고서도 아름답게 될 수 있겠는가? 그 낮과 밤이 양심을 불어나게 하는 것과 새벽의 기운에 있어서도 그 좋아하고 미워하는 것이 다른 사람과 서로 비슷한 것이 거의 드문데, 그 아침과 낮에 하는 소행이 이를 꽁꽁 묶어서 없애버리니 꽁꽁 묶어서 없애는 것을 반복하면 夜氣도 양심을 보존할 수 없다. 야기가 보존할 수 없으면 금수와 다른 것이 많지 않게 된다. 사람들은 그 금수 같은 모습만을 보고서 일찍이 좋은 재질이 있지 않았다고 생각하는 것이니 이것이 어찌 사람의 본래 모습이겠는가? 그러므로 진실로 그 기르는 기회를 얻으면 자라지 아니하는 것이 없고 진실로 그 기르는 기회를 잃으면 소멸하지 아니하는 것이 없다. 공자께서 말씀하시기를 "붙잡으면 보존되고 놓아두면 없어지며, 나가고 들어오는 것에 일정한 때가 없어서 그 방향을 알 수 없는 것은 오지 마음을 두고 말한 것이다." 하셨다.42)

---

41) 이기동, 『孟子講說』p.587.

42) 『孟子』, 「告子 上」, "雖存乎人者 豈無仁義之心哉 其所以放其良心者亦 猶斧斤之於木也 旦旦而伐之 可以爲美乎 其日夜之所息 平旦之氣 其好 惡與人相近也者幾希 則其旦晝 之所爲 有梏亡之矣 梏之反覆則其夜氣

44

위 글에서 孟子가 제시한 心은 '붙잡으면 보존되고 놓아두면 없어지며 나가고 들어오는 것에 일정한 때가 없어서 그 방향을 알수 없는 것'이라고 하였다. 그래서 중요한 것은 마음을 기르는 기회를 놓치지 않아야 한다는 것이다. 마음이 가장 잘 길러지는 기회는 밤과 새벽이다. 이 시간을 이용해서 방향을 알 수 없는 마음을 길러야 한다.

그런데 위 글에서는 어떻게 마음을 길러야 하는지, 한층 더 구체적 방법은 보이지 않는다. 한층 더 구체적 방법을 분명하게 확인할 수 있는 곳이 孟子의 '浩然章'이다. 이 부분에서 일이 없을때, 자신을 수양하는 의미로서의 敬의 측면을 가장 잘 볼 수 있다.

孟子는 40세에 마음이 동요하지 않는 경지에 올랐다고 스스로 말하고 있다. 그리고 孟子는 자신의 不動心이 어떤 경지에 있는지를 증명하기 위해서, 먼저 다른 사람들의 不動心 수준이 어떤지먼저 말하고, 다음에 자신의 생각을 언급한다. 孟子의 논리를 분명하게 알기 위해서 북궁유와 맹시사의 부동심을 알아보자.

북궁유는 남에게 지면 반드시 보복하는 방법으로 자신의 마음을 다스린 사람이고, 맹시사는 마음에 두려움을 없애는 것을 주장하여 자신의 마음을 다스린 사람으로[43] 서술하고 있다. 이어 맹자는

不足以存 夜氣不足以存則其違禽獸不遠矣 人見 其禽獸也而以爲未嘗有才焉者 是豈人之情也哉 故 苟得其養 無物不長 苟失其養 無物 不消孔子曰操則存 舍則亡 出入無時 莫知其鄕 惟心之謂與".

43) 『孟子』,「公孫丑 上」, "北宮黝之養勇也 不膚撓 不目逃 思以一豪挫於人 若撻之於市朝 不受於褐寬博 亦不受於萬乘之君 視刺萬乘之君 若刺褐夫 無嚴諸侯 惡聲至 必反之 孟施舍之所養勇也 曰 視不勝猶勝也 量敵而後進 慮勝而後會 是畏三軍者也 舍豈能爲必勝哉 能無懼而已矣".

북궁유와 맹시사는 비록 자신의 마음을 다스리긴 했지만 수준의
차이가 있다고 하였다. 즉 북궁유의 방법은 자신의 내면에서 두려
움을 제거시킨 것이 아니고 밖에서 두려움을 제거시켰고, 맹시사
는 비록 내면에서 두려움을 제거시키긴 했지만, 마음에서 제거시
킨 것이 아니고 氣의 차원에서 했기 때문에 자기와 수준의 차이가
있다고 하였다. 그리고 이들보다 수준이 높은 사람으로 曾子를 예
로 들면서 다음과 같이 말한다.

　　옛적에 증자가 자양에게 말했다. "그대는 勇을 좋아하는가? 내
　일찍이 大勇을 부자에게 들었으니 '스스로 돌이켜서 정직하지 못
　하면 비록 갈관박이라도 내 두려워하지 않겠는가? 그러나 스스로
　돌이켜서 정직하다면 비록 천만 명이 있더라도 내가 가서 대적할
　수 있다.' 하셨다."44)

　曾子는 大勇을 부자에게 들었는데, 진정한 大勇은 자기를 돌이
켜 자신에게 정직해야 한다는 것이다. 자신에게 정직하다면 비록
친만 명이라도 대직할 수 있지만, 자신에게 정직하시 못하면 아주
천한 사람도 두려워할 수밖에 없다고 했다. 이것은 내 마음속에
조그마한 거짓도 남아 있어서는 안 된다는 것이다. 그러므로 曾子
의 마음을 다스리는 방법은 밖에서 두려움을 제거한 북궁유나, 내
면에서 제기했지만 氣의 차원에서 제거한 맹시사에 방법에 비해
더욱 수준이 높다고 한 것이다.

---

44) 『孟子』, 「公孫丑上」, "昔者曾子謂子襄曰 子好勇乎 吾嘗聞大勇於夫子
矣 自反而不縮 雖褐寬博 吾不惴焉 自反而縮 雖千萬人 吾往矣".

그래서 孟子는 曾子의 방법을 '守約'이라고 하였다. 孟子는 曾子의 방법에 뿌리를 두고 자신의 방법을 전개한다. 즉 두려움을 제거하는 기준이 외부의 대상에 있는 것이 아니라 자신의 마음에 기준을 두는 방법론을 제시한다. 다음의 글에서 이 내용을 확인할 수 있다.

"감히 묻겠습니다. 夫子의 부동심과 고자의 부동심을 얻어 들을 수 있겠습니까?" 맹자께서 말씀하셨다. "고자가 말하기를 '말에 대해서 이해되지 못하거든 마음에 알려고 구하지 말며 마음에 얻지 못하거든 기운에 도움을 구하지 말라' 하였으니, 마음에 얻지 못하거든 기운에 도움을 구하지 말라는 것은 可하거니와, 말에 이해되지 못하거든 마음에 알려고 구하지 말라는 것은 不可하다. 志는 氣의 將帥요, 氣는 몸에 꽉 차 있는 것이니, 志가 최고요, 氣가 그 다음이다. 그러므로 말하기를 '그 志를 잘 잡고도 또 그 氣를 포악하게 하지 말라'고 한 것이다."[45]

孟子는 告子의 방법에 대해서도 여전히 외면에 주의를 기울이고 있다는 비판을 가하고, 告子와 자신의 방법론이 어디에 차이가 있는지 말한다.

告子는 마음의 동일성보다는 氣의 차별성에 중점을 두고 있다. 告子는 사람의 본질에 있어서의 동일성을 인정하지 않기 때문에,

---

45) 『孟子』, 「公孫丑 上」, "曰 敢問夫子之不動心 與告子之不動心 可得聞與 告子曰 不得 於言 勿求於心 不得於心 勿求於氣 不得於心 勿求於氣可 不得於言 勿求於心不可夫 志 氣之帥也 氣 體之充也 夫志至焉 氣次焉 故曰 持其志 無暴其氣".

사람의 마음도 사람마다 다른 것으로 이해할 수밖에 없었을 것이다. 남의 말을 듣고 잘 이해되지 않을 경우에는, 그 말을 한 사람마음의 상태를 내 마음속에서 잘 헤아려 보면 알 수 있다. 그러나그의 마음과 나의 마음이 다르다고 한다면, 내 마음속에서 아무리헤아려 보아도 그의 마음은 이해할 수 없을 것이므로 애당초 헤아려 보지 않는 것이 좋을 것이며, 또 내 마음속에서 이해되지 않을경우에도 더 이상 이해하려고 노력할 필요가 없을 것이다. 이해되지 아니하는 말을 듣고, 그것을 마음속에서 이해하려고 고심할 때번민이 일어난다. 그래서 告子는 '말에서 납득이 되지 아니하면 마음에서 구하지 말고 마음에서 납득이 되지 아니하면 기에서 구하려고 하지 말라'고 한 것이다.[46]

그러나 孟子의 입장은 이와 다르다. 인간의 존재는 마음과 몸의두 요소로 구성된다. 샘의 밑바닥에는 샘물로 솟아나오는 지하수가 있듯이, 마음의 저 밑바닥에는 마음으로 솟아나오는 움직임이있으니 그것이 이른바 性이다. 性이란 마음(忄)과 삶(生)의 결합체인 글자의 모양에서도 알 수 있듯이, '살려는 마음' 또는 '살려는의지'로 풀이할 수 있는데 지하수가 샘으로 솟아난 것이 샘물인것처럼 이 性이 마음으로 나타난 것이 情이다. 그리고 이 情이 밖으로 나타나 삶을 이끌어 나가는 것이나. 한편 몸은 물질로 구성되는데 물질들의 합성체인 이 몸의 삶을 호흡하고, 심장이 뛰며소화를 시키는 등의 작용을 통하여 유기적으로 유지해 가는 작용력을 氣라고 한다. 性과 氣의 관계에서 보면 몸이라고 하는 컴퓨

46) 이기동, 『맹자강설』, pp.129-130.

터에 계속 작동하도록 입력시키는 자를 性, 입력된 대로 계속 작용하는 소프트웨어를 氣로 이해할 수 있다. 이렇게 보면, 마음과 몸으로 구성되는 인간의 본질은 결국 性으로 귀결되므로 인간의 삶은 性을 터득하여 性에 따라서 살 때, 가장 본질적이고 고귀한 것이 된다. 이에서 보면 귀로 아는 것, 마음으로 아는 것, 몸으로 아는 것이라고 하는 앎의 세 단계가 일직선으로 연결되는 것이 아니라, 귀로 알고 마음으로 안 다음에 도달되는 가장 근본적인 앎은 性을 아는 것인데, 몸으로 아는 것은 性을 알고 실천한 결과 저절로 도달하게 되는 결과적인 것이다. 그러므로 참다운 삶을 회복하기 위해서는 먼저 말을 이해해야 하고, 다음에 그 말로 표현하려 했던 마음의 세계를 이해해야 하며, 그리고는 그 마음의 밑바닥에 존재하는 性을 인식하는 방향으로 나아가야 할 것이지만, 몸으로 아는 단계에 도달하기 위하여 노력할 필요는 없는 것이다. 왜냐하면 몸으로 아는 단계는 性을 알기만 하면 저절로 터득되는 단계이기 때문이다. 그러므로 孟子는 '마음에서 납득되지 아니하면 기에서 구하지 아니한다는 말은 可하지만, 말에서 납득되지 아니하면 마음에서 구하지 아니한다는 말은 不可하다.'고 하였다.[47]

　이와 같이 孟子가 말의 영역으로 표시되는 세계보다 마음의 세계를 근원적인 것으로 파악했다면, 외부대상에 의해 마음에 동요가 일어났을 때, 동요가 일어나는 것을 막기 위해서는 마음을 확충하는 것, 이외에 바깥 사물과의 관계도 무시해서는 안 된다고 얘기하고 있다.

---

47) 이기동, 『맹자강설』, p.130.

그 志를 잘 잡고도 또 그 氣를 포악하게 하지 말라.[48]

그럼 孟子가 마음이 말로 표현된 氣의 영역보다 중요하다고 언급해 놓고, 다시 氣를 포악하게 하지 말라고 언급한 이유는 무엇일까? 孟子는 이런 의문을 가지고 질문하는 公孫丑에게 다음과 같은 이유가 있다고 설명한다.

志가 한결같으면 氣를 움직이고 氣가 한결같으면 志를 움직이는 것이니 지금 넘어지거나 달리는 것은 氣이지만, 도리어 그 마음을 움직이는 것이다.[49]

내면인 志와 외면인 氣에 동시에 주의를 기울여야 마음의 동요를 막을 수 있다는 것이다. 좀더 상세한 이해를 위해 주자의 글을 살펴보자.

"持志와 養氣를 함께 하는 것은 무엇 때문입니까?" 답하기를 "마음을 붙잡는 것은 그 내면을 곧게 하는 것이고 포악하게 하지 않는 것은 외부를 방어하는 것이다. 이 두 가지를 지극하게 하여 치우침이 없으면 마음이 바르게 되고 氣도 스스로 완전해진다. 氣가 완전해지면 마음도 더욱 바르게 된다."[50]라고 하였다.

---

48) 『孟子』,「公孫丑 上」, "持其志 無暴其氣".
49) 『孟子』,「公孫丑 上」, "志壹則動氣 氣壹則動志也 今夫蹶者趨者 是氣也 而反動其心".
50) 『四書大全』,「孟子」公孫丑 上 小註 민족문화문고, 1989, p.2203 참조. "問持志養氣 之爲交養 何也 曰 持志所以直其內 無暴所以防於外 兩者各致其功而無所偏廢 則志正 而氣自完 氣完而志益正".

이에 의하면 志와 氣를 동시에 길러야 완전한 부동심이 된다는 것을 알 수 있다. 그렇다면 孟子의 不動心을 이루기 위한 방법도 志와 氣의 두 측면이 모두 강조되어야 할 것이다. 그래서 孟子는 志의 부동심 방법으로 '養浩然之氣'를, 氣의 不動心 방법으로 '知言'을 언급하고 있다.[51] 여기서는 內面의 不動心 방법인 '浩然之氣'를 기르는 것에 대해서 살펴보겠다.

浩然之氣를 기르기 위해서는, 浩然之氣가 무엇인지 알아야 한다. 맹자는 호연지기에 대해서 말하기 어렵다고 하면서, 굳이 정의를 하면 다음과 같다고 설명한다.

그 氣됨이 지극히 크고 지극히 강하니, 정직함으로써 잘 기르고 해침이 없으면 (이 浩然之氣가) 天地의 사이에 꽉 차게 된다.[52]

그 氣됨이 義와 道에 배합되니, 이것이 없으면 쭈그러들게 된다.[53]

---

51) 내면과 외면으로 나누어 수양론의 방법을 언급한 것은 지금까지의 논리 전개에 의하면 자연스러운 결론이라고 생각한다. 맹자가 마음·기·말을 나누어 논리를 전개한 것을 보면 수양을 하는 과정도 나누어 할 수밖에 없을 것이다. 그리고 맹자가 志를 잡고도 또 그 氣를 포악하게 하지 말라고 한 것에서 마음만 길러서는 안 된다는 것을 알 수 있다. 그래서 외부로는 말을 알아야 하고 내부로는 마음의 의로운 기운을 길러야 한다는 생각에서 이러한 논리 전개를 하였다.

52) 『孟子』, 「公孫丑 上」, "其爲氣也 至大至剛 以直養而無害 則塞于天地之間".

53) 『孟子』, 「公孫丑 上」, "其爲氣也 配義與道 無是 餒也".

孟子가 말한 浩然之氣의 특성에 대해 朱子는 "지극히 크다는 것은 범위를 한정할 수 없다는 것이고, 지극히 강하다는 것은 굽히고 흔들릴 수 없다는 것이다."[54)]라고 하였다. 즉 하늘과 땅 사이에 흐르고 있는 거대한 기운이라고 할 수 있다. 이렇게만 말하면 단지 물리적인 기운이라고 생각할 수 있는데, 孟子는 이런 혐의를 피하기 위해서 浩然之氣의 특성을 義와 道에 배합하는 기운이라고 말했다. 義와 道에 대해서 朱子는 "義는 사람 마음속에 있는 옳고 그름을 판단하는 마음이요, 道는 순리대로 흐르는 법칙이라고 하였다."[55)]

그러므로 浩然之氣는 물리적인 기운이기도 하면서 형이상학적인 부분과 짝을 이루는 어떤 무엇이라고 할 수 있다. 孟子는 딱 꼬집어서 말할 수 없기 때문에 말하기 어렵다고 한 것이다. 단지 물리적인 기운이라면 자기의 한 몸만 잘 기르는 것에 관심을 두어 세상일에 대해서는 어떠한 관심도 기울이지 않는 병폐를 일으킬 수 있다. 그래서 孟子는 그 기운데다가 사회적으로 실천할 수 있는 힘을 갖게 하기 위해서 浩然之氣에 義와 道를 짝 지어 놓은 것이다.[56)]

---

54) 『孟子』, 「公孫丑 上」, '朱子集註', "至大 初無限量 至剛 不可屈撓".

55) 『孟子』, 「公孫丑 上」, '朱子集註', "義者 人心之裁制 道者 天理之自然".

56) 『孟子』, 「公孫丑 上」, '朱子集註', "若無此氣 則其一時所爲 雖未必不出於道義 然 其體 有所不充 則 亦不免於疑懼 而不足以有爲矣"(만약 이 氣가 없으면 한때의 하는 것이 비록 아직 반드시 道義에서 나온 것이 아니지는 않지만 그러나 그 체에 확충하지 못한 것이 있으면 또한 의심하고 두려움을 벗어날 수 없게 되어 함이 있다고 할 수 없게 된다) 호연지기가 있는 상황과 없는 상황을 잘 대비하여 설명하고 있나. 호연지기가 없더라도 마음이 도의에서 나올 수 있지만 이는 아직 부족한 상데이다. 호연지기로 가득 차야 의심과 두려움에서

孟子는 浩然之氣의 의미를 이렇게 설명하고 이러한 浩然之氣를 기르기 위해서는 直養과 集義의 공부가 필요하다고 하였다.

먼저 直養에 대해서 알아보자. 程子는 '浩然之氣는 내 마음속에 본래적으로 꽉 차 있는데 외부의 유혹에 의해 그 기운이 조금씩 줄어드는 것'이라고 하였다.[57] 그러므로 내가 가지고 있는 浩然之氣를 지키기 위해서는 외부의 대상이 유혹해 올 때, 그 유혹을 따라가지 않으면 본래의 浩然之氣를 지킬 수 있다. 외부에서 다가오는 유혹에 따라가지 않으려면, 내 마음이 항상 깨어 있어서 다가오는 외부 사물의 정체를 알게 되면, 얻을 것은 얻고, 버릴 것은 버릴 수 있다. 그러므로 浩然之氣를 기르기 위해서는 먼저 내 마음을 항상 깨어 있게 하는 것이 중요하다. 마음을 깨어 있게 하는 방법이 바로 直養이다.

그리고 '集義'는 義를 모으는 것이다. 『周易』에서는 敬과 義를 "敬으로서 마음을 바르게 하고, 義로서 밖을 단정하게 한다."고 하였다. 敬으로서 마음을 바르게 한 뒤에 구체적으로 일 처리를 할 때, 행해지는 힘이 義라는 것을 알 수 있다. 그러므로 '集義'는 옳

---

벗어날 수 있다고 했다.

張德麟은 『정명도 사상연구』에서 "맹자가 말하는 호연지기는 도덕심이 氣를 통과해서 표현되는 것이라" 했다. 사람의 生理·心理현상이 도덕심으로 주재될 때 그것이 곧 그 氣됨이 義·道와 짝 지어지는 浩然之氣라 했다. 그래서 호연지기가 호연하게 되는 까닭은 소수의 氣를 말하는 것이 아니고 心志에서 일관되게 氣로 들어간 뒤에 나타나는 것이라고 했다.(p.74 참조)

57) 『孟子』, 「公孫丑 上」, '朱子集註', "程子曰 天人一也 更不分別 浩然之氣 乃吾氣也 養 而無害則塞乎天地 一爲私意所蔽 則欿然而餒".

은 일을 계속하기 위해서 지속적으로 義를 모으는 것이다. 그래서 孟子는 浩然之氣는 의리를 많이 축척하여 생겨나는 것이지 하루아침에 갑자기 생겨나는 것이 아니라고 하였다.[58]

다음에는 浩然之氣를 기르는 구체적 방법을 언급한다. 孟子는 크게 네 가지로 서술하고 있다. 그것은 1. 반드시 浩然之氣를 기름에 종사하고(必有事) 2. 효과를 미리 기대하지 말고(勿正) 3. 마음에 잊지도 말며(心勿忘) 4. 억지로 조장하지도 말라(勿助長)는 것이다. 이 네 가지 방법이 앞에서 말한 '잡으면 보존되고 놓으면 잃어버린다'는 마음을 기르는 구체적 방법이라고 할 수 있다. 그 내용을 맹자는 송나라 사람의 비유를 들어서 설명하고 있다.

송나라 사람과 같이하지 말라. 송나라 사람 중에 벼 싹이 자라지 못함을 안타깝게 여겨 뽑아 놓은 자가 있었다. 그는 아무것도 모르고 돌아와서 집안사람들에게 말하기를 "오늘 나는 매우 피곤하다. 내가 벼 싹이 자라도록 도왔다." 하자 그 아들이 달려가서 보았더니 벼 싹은 말라 있었다. 천하에 벼 싹이 자라도록 억지로 조장하지 않는 자가 적으니, 유익함이 없나 해서 버려두는 자는 비유하면 벼 싹을 김매지 않는 자요 억지로 助長하는 자는 벼 싹을 뽑아 놓는 자이니, 이는 비단 유익함이 없을 뿐만 아니라, 도리어 해치는 것이다.[59]

---

58) 『孟子』, 「公孫丑 上」, "是集義所生者 非義襲而取之也".
59) 『孟子』, 「公孫丑 上」, "無若宋人然 宋人有閔其苗之不長而揠之者, 芒芒然歸, 謂其人曰 今日病矣, 予助苗長矣. 其子趨而往視之, 苗則槁矣. 天下之不助苗長者寡矣. 以爲無益 而舍之者, 不耘苗者也. 助之長者, 揠苗者也. 非徒無益, 而又害之".

송나라 사람의 구체적 경험을 통해 무슨 일에 대해서, 억지로 강요하거나 내버려 두면 어떤 결과를 가져오는지 잘 설명하고 있다. 좋은 결과를 얻기 위해서 한꺼번에 집중을 하여 확충하게 되면, 사람의 마음은 병을 얻을 수도 있다는 것을 간접적으로 알 수 있다. 그래서 맹자의 네 가지 방법은 인간의 마음을 대상으로 하는 구체적인 방법이라고 할 수 있다.

네 가지로 나누어 놓았지만 의미상 구분하면 두 가지로 나눌 수 있다. 즉 必有事焉과 心勿忘을 한 가지로, 그리고 勿正과 勿助長을 한 가지로 묶어 볼 수 있다.

必有事焉과 心勿忘은 浩然之氣를 기르는 것에 항상 신경을 쓰되, 마음으로 이 일을 잊지도 말라는 것이다. 孟子가 예를 든 송나라 사람의 경우를 두고 설명해 보자. 송나라 사람의 가장 관심사는 어떻게 하면 이 벼를 잘 키워서 가을에 풍성한 수확을 얻을 것인가이다. 그런데 수확에 너무 관심을 가지고 있으면 수확을 많이 얻기 위해서 정상적인 방법이 아닌 다른 편법을 사용하게 된다. 지나친 관심이 오히려 잘못된 결과를 낳은 경우이다. 이런 경우에 벼에 관심을 가지면서도 잘못된 결과를 일으키지 않기 위해서는, 마음이 대상을 만나기 전에 마음속에 나를 조절할 수 있는 무엇을 마련해야 한다. 이 무엇을 마련하는 것을 孟子는 必有事焉과 心勿忘이라고 하였다.

勿正과 勿助長은 효과를 미리 기대하지 말고 또 조장하지 말라는 뜻이다. 孟子는 송나라 사람의 비유를 들어 벼를 빨리 자라게 하기 위해서 벼를 뽑는 일은 결국 벼 자체를 죽이는 경우를 초래

한다고 하였다. 浩然之氣를 기르는 것도 위와 같은 것이다. 浩然之
氣를 기르는 데 진보가 없다고 하여 무리하게 북돋우면 자기 몸만
해치고 발전도 없게 된다.

그러므로 氣를 기르는 것은 머리로 認識하는 것이 아니라, 몸의
실천력을 기르는 것이기 때문에 일정한 시간이 지나야 그 결과가
드러나는 것이다. 봄에 싹이 튼 초목은 조금의 게으름도 없이 성
실하게 자라 꽃을 피우고 열매를 맺게 되지만, 아무리 열심히 자
라도 여름이 지나고 가을이 오지 않으면 열매를 맺는 데까지 도달
하지 못하는데 浩然之氣를 기르는 것도 이와 같은 것이다.60) 몸의
실천력을 기르기 위해서는 어떤 방법이 필요할까? 孟子가 제시한
방법은 동시대를 살았던 莊子의 방법에 비하면 구체적이지 못하다.
그래서 莊子의 글을 통해서 그 내용을 살펴보자.

　네가 너의 모습을 단정히 하고 너의 눈길을 한곳에 집중한다면
自然의 和氣가 바야흐로 모여들 것이다. 또 너의 분별하는 생각을
없애고 너의 태도를 바르게 하면 올바른 정신이 몸에 찾아들게
될 것이다.61)

浩然之氣를 기를 때 효과를 빨리 기대하면 몸을 해치는 경우가
있다. 그래서 무엇보다 중요한 것은 점진적인 과정을 꼭 거쳐야
한다. 힘들고 어려운 과정을 잘 행하기 위해서는 올바른 자세가
중요하다. 莊子이 위 글에서 자세의 중요성이 언급되고 있다. 올바

---

60) 이기동, 『孟子講說』, p.141.
61) 『莊子』, 「知北遊」, "若正汝形 一汝視 大和將至 攝汝知 一汝度 神將來舍".

른 자세로 오랫동안 浩然之氣를 기르면 문제는 없지만 효과를 미리 기대하여 급하게 하다 보면 생명을 잃는 경우도 있다. 맹자는 그 비유를 벼가 말라 죽는다고 하였다. 道家에서는 구체적인 병명을 열거하고 있다. 수행을 잘못하여 무거운 氣를 운행하면 질병을 얻게 된다. 그 질병은 머리가 어지러워지는 병과 눈이 붉어져서 부어오르고 또한 각막에 껍질이 덮여 지는 병과 해수병, 담화병, 토혈병, 옹종병 등의 증상이 생긴다고 한다.[62]

그런데 孔子와 마찬가지로 孟子의 敬에 대해 언급할 때, 宋學에 나오는 靜坐의 방법은 보이지 않는다. 이것은 孟子의 시대에 와서도 靜坐공부법이 아직 등장하지 않았다는 것을 의미한다. 대신 孟子는 夜氣를 기르는 것, 혹은 위에 언급되고 있는 네 가지 항목 등을 통해서 자신의 마음을 깨어 있게 했다. 그러므로 宋學의 靜坐修養法은 儒家에서 발생한 것이 아님을 알 수 있다.

지금까지 『孟子』, 「不動心章」을 토대로 不動心의 내용과 의미 그리고 방법까지 살펴보았다. 『孟子』, 「不動心章」은 儒學의 修養論에서 중요한 부분을 차지한다. 孟子가 不動心을 이루기 위해서 도입한 이 방법은, 중국 송나라 때에 여러 유학자들에 의해서 그대로 계승된다. 송나라 때 유학자들은 자기의 마음을 깨어 있게 하기 위해서 먼저 佛敎의 가르침을 배운다. 그러나 佛敎는 內面의 수양에만 관심을 기울이고, 外面의 도덕적 가치에 대해서는 중요하게 취급하지 않았다. 그래서 유학자들은 佛敎에 의해 무너진 도덕적 가치를 다시 회복하기 위해서, 내면의 수양은 물론이고 외면

---

62) 유화영 著, 유정식 譯, 『金仙證論』, 여강출판사, p.212.

의 도덕적 가치도 중요시하는 새로운 방법론을 찾게 되었다. 그래서 孟子 不動心의 방법이, 佛敎의 방법을 대신할 참신한 방법론으로 儒學의 歷史에 새롭게 등장한 것이다.

이러한 사상의 전개가 唐代의 李翶에서 宋代의 朱子에게까지 이어진다. 처음에는 靜的인 경향, 즉 內面에 치중하다가 後代로 갈수록 靜과 動을 아우르는, 즉 內面과 外面을 아우르는 방법으로 귀결된다. 이러한 순서를 따라서 程伊川과 朱子가 어떻게 孟子의 방법을 계승하고 완성시키는지 그 과정을 다음 장에서 살펴보겠다.

여기서는 계속해서 孟子 공부론의 한 측면인 窮理에 대해서 살펴보자.

孔子에서 '窮理'는 '學'의 과정이었다. 孟子도 孔子를 계승해서 '學'에 관한 정의를 다음과 같이 언급하고 있다.

> 仁은 사람의 마음이고 義는 사람의 길이다. 그 길을 놓아두고 따르지 아니하며 그 마음을 놓아버리고 찾을 줄을 모르니 슬프다. 사람은 닭과 개를 잃으면 찾을 줄을 알지만, 마음을 놓아버리고서도 찾을 줄을 모른다. 학문의 길이란 다른 것이 없다. 그 놓아버린 마음을 찾는 것일 뿐이다.[63]

孟子의 '學'은 놓아버린 마음을 찾는 것이다. 마음을 놓아버렸다는 것은 仁과 義를 벗어났다는 것이다. 그러므로 仁과 義를 다시 찾는 것이 '學'의 과정이다. 孟子는 仁은 '사람의 마음'이라 했고,

---

63) 『孟子』, 「告子 上」, "孟子曰仁 人心也 義 人路也 舍其路而不由 放其心而不知求 哀哉 人有鷄犬放則知求之 有放心而不知求 學問之道 無他 求其放心而已矣".

58

義는 '사람의 길'이라고 했다. 결국 孟子에 있어서 '學'은 마음을 찾고 마음이 지시하는 대로 올바른 길을 가는 것이라고 할 수 있다. 그러므로 마음을 찾기 위해서는 마음의 속성을 알아야 한다. 孟子는 마음의 속성을 다음과 같이 언급한다.

> 그러므로 말하기를 입이 맛에서 즐기는 것이 다 같은 것이 있으며, 귀가 소리에서 듣는 것이 다 같은 것이 있으며, 눈이 빛깔에서 아름답게 여기는 것이 다 같은 것이 있다고 하는 것이니, 마음에 이르러서만 오직 다 같이 그렇게 여기는 바가 없겠는가? 마음이 다같이 그렇게 여기는 것은 무엇인가? 理와 義라 한다. 성인은 먼저 자기의 마음이 남과 다 같이 그렇게 여기는 것을 터득한 것이다. 그러므로 理와 義가 나의 마음을 기쁘게 하는 것이 고기가 내 입을 기쁘게 하는 것과 같다.[64]

孟子에 있어 마음의 속성은 理와 義를 좋아하는 것이다. 마치고기가 내 입을 기쁘게 하는 것처럼 理와 義가 내 마음을 기쁘게 한다는 것이다. 그리고 성인이, 성인이 된 이유는, 먼저 모두가 공통적으로 내 마음을 기쁘게 하는 理와 義를 터득했기 때문이다. 그러므로 孟子에 있어서 공부의 목적은 마음이 좋아하는 理와 義를 터득하는 것임을 알 수 있다. 이 理와 義를 어디에서 터득할 수 있을까? 理는 이치에 맞는 말이나 글, 그리고 義는 상황에 맞는 말이나 행동을 기록해 놓은 책 등에서 확인할 수 있다. 그러므

---

64) 『孟子』, 「告子 上」, "故 曰口之於味也 有同嗜焉 耳之於聽也 有同聽焉 目之於色也 有同美焉 至於心 獨無所同然乎 心之所同然者 何也 謂理也義也 聖人 先得我心之所同然耳 故 理義之悅我心 獨芻豢之悅我口".

로 이치에 맞는 말이나 올바른 행동지침을 기록해 놓은 책 등을
탐구하는 것이 孟子의 '窮理'이고, 窮理의 방법으로 '知言'이 있다.
孟子는 '知言'을 다음과 같이 말한다.

　"무엇을 지언이라 합니까?", "삐뚤어진 말에서 그 가려진 것을
알며, 지나친 말에서 그 빠져 있는 것을 알며, 사악한 말에서 그
이탈된 것을 알며, 회피하는 말에서 그 곤궁한 것을 아는 것이니,
그 마음에서 생겨나 그 정치에 해를 끼치며, 그 정치에서 발로되
어 그 일에 해를 끼친다. 성인이 다시 일어나시더라도 반드시 내
말을 따를 것이다."[65]

　'知言'은 말을 아는 것이고, 말은 우리 마음에서 나오는 것이기
때문에 결국 말을 안다는 것은, 마음을 안다는 것이다. 마음이 삐
뚤어져 있으면 거기에서 나온 말도 삐뚤어져 있고, 마음이 사악하
면 거기에서 나온 말도 착한 말에서 떨어져 있다는 것을 알 수 있
다. 그러므로 일이 잘되게 하려면 먼저 마음을 깨어 있게 해야 된
다는 것을 알 수 있다. 마음을 깨어 있게 하려면 앞에서 분석한 「
浩然章」의 방법대로 하는 것도 있지만, 여기서는 이치에 합당한
말이나 의리에 부합하는 행동의 탐구를 통해서 마음을 깨어 있게
하는 방법을 서술하려고 한다. 이 방법이 孟子에 있어서 窮理이다.
窮理를 할 때 중요한 것은 마음의 역할이다. 孟子는 窮理를 할 때
의 마음의 역할에 대해서 다음과 같이 말하고 있다.

---

65) 『孟子』, 「公孫丑 上」, "何謂知言 曰詖辭 知其所蔽 淫辭 知其所陷 邪
　　辭 知其所離 遁辭 知其所窮 生於其心 害於其政 發於其政 害於其事
　　聖人 復起 必從吾言矣".

　　귀와 눈의 기능은 생각하지 못하여서 외물에 가려지는 것이니
외물이 다른 외물과 번갈아 나타나면 끌고 갈 따름이다. 마음의
기능은 생각하는 것이니 생각하면 얻고 생각하지 아니하면 얻지
못한다. 이는 하늘이 우리에게 부여해 준 것이니 먼저 그 큰 것을
세운다면 그 작은 것이 빼앗지 못할 것이다. 이렇게 하는 것이 大
人이 되는 것일 따름이다.[66]

　孟子는 마음의 기능을 생각하는 것이라고 했다. 그래서 생각하
면 얻고, 생각하지 않으면 얻지 못한다고 했다. 생각을 통해서 얻
는 대상이 우리 마음이 공통적으로 좋아하는 理와 義이다. 마음의
기능을 다해서 우리가 공통적으로 좋아하는 性을 인식하는 과정이
다음의 글에 잘 드러난다.

　　자기의 性은 자기의 마음속에 있는 주관적인 것이어서 객관화
시켜서 관찰할 수 없으며 따라서 인식하기 어렵다. 그런데 자기의
性은 다른 사람의 性이나 다른 물체의 性과도 일치하기 때문에
다른 사람이나 다른 물체를 객관적으로 관찰하여 그 속에 있는
性을 찾아내기만 하면 그것이 곧 자기의 性이다. 그러므로 자기의
性을 보다 쉽게 알 수 있는 방법은 다른 사람 또는 다른 물체에
나아가 그 속에 있는 性을 아는 것이니 이것이 『大學』에서 말하
는 '格物致知'이다.[67]

---

66) 『孟子』, 「告子 上」, "耳目之官不思, 而蔽於物, 物交物, 則引之而已矣.
　　心之官則思, 思則得之, 不思則不得也. 此天之所與我者, 先立乎其大者,
　　則其小者弗能奪也. 此爲大人而已矣".

67) 이기동, 『孟子講說』, p.522 참조.

마음을 다해서 性을 알기 위해서는, 다른 사람이나 다른 사물을 객관적으로 관찰하여 그 속에 있는 性을 탐구하는 과정을 거쳐야 하는데, 이것을 『大學』에서는 '格物致知'라고 한다. 孟子는 이것을 '博學'으로 서술하고 있다.

널리 배우고 그것을 자세히 설명하곤 하는 것은 장차 그렇게 함으로써 도리어 집약된 곳을 설명하기 위해서이다.[68]

널리 배워서 그것을 자세히 설명하는 것은 배운 내용이 무엇을 가리키는지 집약적으로 알기 위해서이다. 배운 내용이 무엇인지 그것은 다음 글에 잘 드러난다.

사람이 금수와 다른 것이 아주 적은데 서민은 그것을 버리고 군자는 그것을 보존한다. 순 임금은 여러 가지 사물에서 그 이치를 밝게 살피시고 인간으로서의 마땅한 도리를 밝히 알고 있었으므로 (인과 의가 내부에서 저절로 우러나와) 자연스레 인과 의를 따라서 행동하였던 것이지, (마땅히 해야 할 것으로 의식하면서 애써) 인과 의를 실천하였던 것은 아니다.[69]

사람이 금수와 다른 것이 아주 적나는 것은, 사람과 금수는 대부분 비슷하지만 다른 것이 있다는 것이다. 그것이 바로 仁義禮智이다. 이 것을 다르게 표현하면 本性이다. 이것을 서민은 욕심에 의해서 버리

---

68) 孟子 離婁下 "孟子曰 博學而詳說之 將以反說約也".
69) 孟子 離婁下 "孟子曰 人之所以異於禽獸者幾希 庶民 去之 君子 存之 舜 明於庶物 察於人倫 由仁義行 非行仁義也".

게 되고, 군자는 욕심을 극복한 사람이기 때문에 이것을 지키게 된다. 본성을 간직한 군자의 예로 舜 임금을 들면서 舜 임금이 어떻게 공부를 했는지 그 내용이 나온다. 우선 舜 임금은 여러 가지 사물을 밝게 살폈다고 한다. 다음으로 인륜을 관찰했다고 한다. 즉 사물의 관찰을 통해서 사물의 이치를 파악하고, 인륜의 관찰을 통해서 인간이 어떤 이치대로 살아야 가장 바람직하게 살 수 있는지를 인식했던 것이다.

그 결과 舜 임금의 행동은 마음속에 보존되어 있는 仁義禮智에서 저절로 솟아나오는 것이었지, 마음속에 仁義禮智를 가지고 있지 않으면서 의식적으로 仁義禮智를 실천하기 위하여 겉으로 꾸며서 한 것이 아니었다[70]고 한다.

그럼 孟子에 있어서 내면을 기르는 공부인 '養氣'와 외면의 사물을 탐구해서 본성을 찾아가는 '知言'의 관계를 孟子의 盡心장에서 확인할 수 있다.

> 맹자께서 말씀하셨다. "그 마음을 다하는 자는 그 性을 아니 그 性을 알면 하늘을 알게 된다. 그 마음을 보존하여 그 性을 기르는 것은 하늘을 섬기는 근거가 된다."[71]

孟子는 盡心을 하면 결과적으로 하늘을 알게 되고, 存心을 하면 하늘을 섬기게 된다고 하였다. 그러니까 둘의 관계는 아는 것과 섬기는 것의 차이가 있다. 이 둘의 관계를 孔子와 연관시켜서 서

---

70) 이기동, 『孟子講說』, p.353 참조.
71) 『孟子』, 「盡心 上」, "孟子曰 盡其心者 知其性也 知其性則知天矣 存其心 養其性 所以事天也".

술해 보자. 孔子의 경우 배워서 알았다고 공부가 끝나는 것이 아니었다. 안 것을 다시 내면으로 돌려서 요약을 해야 道에서 어긋나지 않고 내면의 요약만 힘쓰고 널리 배우지 않아도 역시 道에서 어긋난다고 했다. 孟子의 盡心과 存心의 관계도 역시 같은 맥락으로 볼 수 있다. 즉 盡心만 하고 存心하지 않으면 마음을 확실하게 깨어 있게 할 수 없고, 存心만 하고 盡心하지 않으면 사물의 이치에 대해 알 수 없어서 存心의 참된 의미를 실천할 수 없게 된다. 그래서 朱子는 이 둘을 다음과 같이 풀이하고 있다.

> 盡心·知性·知天, 이것은 致知이고 存心·養性·事天, 이것은 力行이다.[72]

결국 朱子는 盡心과 存心을 致知와 力行의 관계로 풀이하고 있다. 이 둘의 의미를 朱子는 다음과 같이 언급하고 있다.

> 知行은 항상 서로를 필요로 한다. 눈은 발이 없으면 갈 수 없고 발은 눈이 없으면 볼 수 없는 것과 같다. 先後를 論하면 知가 먼저이고 輕重을 論하면 行이 무겁다.[73]

知行은 서로를 필요로 하는 관계임을 알 수 있다. 눈은 발을 필요로 하고, 발은 눈을 필요로 한다. 그래야 제대로 움직일 수 있다.

---

72) 『朱子語類』 卷60 "盡心 知性 知天 此是致知 存心 養性 事天 此是力行".
73) 『性理大全』 卷5 p.3004 "知行常相須 如目無足不行 足無目不見 論先後 知爲先 論輕重 行爲重".

知와 行도 같은 관계이다. 知에서 끝나서도 안 되고, 行에서 끝나
서도 안 된다. 서로의 도움을 바탕으로 해서 공부했을 때 제대로
일 처리를 할 수 있다. 盡心을 통해서 알게 된 하늘을 存心을 통해
서 내면에 섬기지 못하면 참된 앎이 될 수 없다. 그리고 存心만 하
고 盡心의 과정을 경험하지 않으면, 다양한 이치를 경험할 수 없어
서 실제 일 처리를 제대로 못하게 된다. 그러므로 孟子에 있어서
養氣와 知言의 관계도 내면의 확충과 외면의 탐구를 통해서 나의
본성을 인식하고 실천하기 위한 중요한 공부방법임을 알 수 있다.


## 2. 禪學의 靜坐와 窮理


### 1) 禪學의 坐禪과 窮理


孔子와 孟子의 공부방법을 분석한 결과 靜坐공부법은 존재하지
않았다. 그렇다면 宋學에 등장한 靜坐工夫法은 어디에서 나온 것
일까? 이 과제를 해결하기 위해서 주의 깊게 분석해야 할 대상이
바로 중국의 禪學이다. 중국의 禪學은 六祖 慧能을 기준으로 수행
방법이 변화된다. 慧能 이전까지의 수행방법은 거의 동일한데, 眞
性과 妄念이라는 이원적 심성관을 바탕으로 捨妄歸眞을 주장하는
것이다. 妄念을 버리고 眞性을 회복한다는 견해는 곧 수행을 통하
여 깨달음을 얻는다는 修因證果의 입장을 나타낸다. 수행을 통하

여 깨달음을 얻는다는 것은 일정한 기간 동안 어떤 정해진 수행의
과정을 실천한다는 의미이다. 그러므로 수인증과는 곧 점수법을
의미한다. 달마의 壁觀, 혜가의 默然靜坐, 승찬의 蕭然坐禪, 도신의
一行三昧와 坐禪看心, 홍인의 日想觀과 一字觀 등은 모두 일정한
수행의 과정으로서 漸修의 방법을 나타내고 있다.[74]

그러나 六祖 慧能의 수행방법은 오랫동안의 坐禪看心 끝에 청정
한 자성이 드러나는 것이 아니라, 말끝에 문득 깨달아 자성을 보
는 것이다. 이것은 곧 좌선간심을 부정하는 결과를 낳는다. 다음의
글에 잘 드러난다.

어리석은 사람은 법상에 집착하고 일행삼매에 집착하여 직심을
앉아서 움직이지 않는 것이라고 하며, 망념을 제거하여 마음을 일
으키지 않는 것을 일행삼매라고 한다. 만약 이와 같다면 이 법은
무정물과 같아서 도리어 도를 가로막는 것이 된다. 도는 모름지기
통하여 흘러야 한다. 어찌 도리어 정체할 것인가? 마음이 머물러
있지 않으면 곧 통하여 흐르지만 머물러 있으면 바로 속박되어
버린다. 만약 앉아서 움직이지 않음이 옳다고 한다면 사리불이 숲
속에 편안히 앉아 있는 것을 유마힐이 꾸짖었던 일이 옳지 않을
것이다. 선지식들아 또한 어떤 사람은 사람들에게 앉아서 마음을
보고 깨끗함을 보되 움직이기도 말고 일어나지도 말라고 가르치
고 이것으로써 공부를 삼게 하는데, 미혹한 사람은 깨닫지 못하고
문득 거기에 집착하여 전도됨이 곧 수백 가지이니, 이렇게 도를
가르치는 것은 큰 잘못임을 알아야 한다.[75]

74) 김태완, 『조사선의 실천과 사상』, 장경각, 2001, p.257.
75) 『六祖壇經』, "迷人 著法相 執一行三昧 直心 坐不動 除妄不起心 卽是

이와 같이 좌선간심을 행하는 일행삼매를 부정하고, 行住坐臥에 직심을 행하여 일체법에 집착하지 않는 것을 일행삼매라고 새로 정의를 내린 慧能은, 坐禪에 대해서도 이전과는 다른 의미로 규정한다. 慧能은 坐禪의 의미를 다음과 같이 말하고 있다.

> 이 법문 가운데 어떤 것을 좌선이라 하는가? 이 법문 속에 일체 걸림이 없어서 밖으로 모든 경계에서 염이 일어나지 않는 것이 좌이며, 안으로 본성을 보아 어지럽지 않는 것이 선이다. 어떤 것을 선정이라 하는가? 밖으로 상에 끄달리지 않는 것을 선이라 하고 안으로 어지럽지 않은 것을 정이라 한다.76)

慧能에게 있어 坐라는 것은 조용하고 한적한 곳에 몸을 단정히 하고 앉는다는 의미가 아니다. 坐라는 것은 밖으로 모든 경계에서도 念이 일어나지 않는 것이다. 그리고 안으로 본성을 보아 어지럽지 않은 것이 禪이다. 결국 慧能이 말하는 坐禪은 고요히 앉아서 하는 행위가 아니고, 밖으로 경계에 미혹되지 않고 안으로 자성을 깨달아 흔들림이 없는 것임을 알 수 있다.

禪學은 慧能 이전까지는 고요히 앉아서 자기의 본래 성품을 보는 공부를 했다. 이것은 마음을 닦은 뒤에 깨달음을 이룬다는 점수

---

一行三昧 若如是 此法同無情 却是障道因緣 道須通流 何以却滯 心不住在 卽通流 住卽被縛 若坐不動 是 維摩詰 不合呵舍利弗 宴坐林中 善知識 又見有人 敎人坐 看心看淨 不動不起 從此置功 迷人不悟 便執成顚 卽有數百般 如此敎道者 故知大錯".

76) 『六祖壇經』, "是此法門中 何名坐禪 此法門中 一切無碍 外於一切境界上 念不起爲坐 見本性不亂爲禪 何名爲禪定 外離相曰禪 內不亂曰定".

적인 방법이다. 그러나 慧能의 공부방법은 일상생활 속에서 바깥
경계에 물들지 않는 공부를 해서 자신의 본래 성품을 보는 것이었
다. 이것은 닦은 뒤에 깨달음을 이루는 점수적인 방법이 아니고,
바로 지금 이 자리에서 언제든지 자신의 본래 성품을 확인할 수
있기 때문에 돈오적인 방법이다. 점수적인 방법은 주로 중국의 북
쪽에 전파되었고, 돈오적인 방법은 주로 중국의 남쪽에 전파되었다.

혜능 이후로 좌선의 의미를 굳이 앉아서 하는 공부가 아니라는
것을 깨달은 사람이 바로 마조도일이다. 하루는 마조도일이 수행을
한다고 앉아서 좌선 수행을 하고 있는데, 그의 스승 남악회양 선사
가 "앉아서 무엇을 하느냐?"고 묻자 마조는 "부처가 되려고 합니
다."라고 대답하였다. 그러자 남악회양은 기와 하나를 들고 마조
앞에서 갈기 시작했다. 마조가 의아해하며 물었다. "스님은 기와를
갈아서 무엇을 하려고 하십니까?" 남악이 대답했다. "거울을 만들
려고 하네", "어떻게 기와를 갈아서 거울을 만들 수 있습니까?",
"그럼 좌선한다고 해서 부처가 되는가?" 그래서 마조는 어떻게 하
면 부처가 될 수 있는지 물었다. 남악은 웃으면서 그에게 말했다.
"수레가 움직이지 않으면 채찍으로 수레를 때려야 하는가 아니면
소를 때려야 하는가?" 마조는 이 말끝에 깨달았다. 선 수행은 결코
앉고 눕는 데 있지 않으니 좌선만을 고집하는 것은 마치 채찍으로
수레를 때리는 것과 같다. 禪은 마음을 가리켜서 성품을 보는 데
있으므로, 결코 겉으로 드러난 모습을 갖고 수행의 여부를 판단해
서는 안 되는 것이다.

좌선의 의미가 혜능을 기준으로 많이 변화되었다는 것을 알 수

있다. 그러나 우리가 상식으로 생각해 보면 마음이 혼란스러울 때 마음을 안정시키려면 마음이 여기저기로 움직이지 않도록 하면 된다. 마음이 여기저기로 움직이지 않도록 하려면 마음을 어느 한 대상에 꼭 묶으면 움직이지 않을 것이다. 그런데 이 방법이 쉽지는 않다. 그래서 가장 효과적인 방법이 몸을 고정시키는 것이다. 몸을 고정시키는 것이, 혜능 이전에 유행했던 좌선 수행방법이다. 몸을 고정시켜서 마음을 안정시키는 방법이다. 이것은 점진적인 방법이고, 바로 직접 마음을 가리켜서 성품을 보는 돈오적인 방법은 몸의 형태에는 관심이 없다. 바로 마음을 보면 되는 것이다. 우리 마음은 항상 작용하고 있다는 것을 알 수 있다. 바로 이 작용하는 가운데 문득 본성을 확인할 수 있는 것이다. 수레를 움직이려면 바로 소를 치면 되지 굳이 수레를 칠 필요는 없는 것이다. 굳이 좌선을 해서 마음을 보지 말고, 바로 지금 마음이 움직이는 이 순간에 마음을 확인하면 되는 것이다. 이 방법은 기질이 뛰어난 사람이 할 수 있는 방법이고, 기질이 평범한 사람은 아무래도 좌선 수행의 방법을 버릴 수는 없을 것이다. 좌선 수행의 방법을 버리지 않으면서 돈오적인 방법을 계승하고 있는 사람으로, 朱子의 공부방법에 강한 영향을 미친 大慧宗杲가 있다. 그는 혜능의 돈오적인 방법을 계승하고 있다. 다음의 글에서 확인할 수 있다.

만약 진정한 고요함을 바란다면 반드시 생사심을 타파해야 합니다. 일부러 공부를 하지 않아도 생사심만 타파하면 저절로 고요해집니다.[77]

여기서 大慧는 고요함을 얻기 위해서는 生死心을 타파하면 되지, 고요히 앉아서 하는 공부방법은 말하고 있지 않다. 그러나 대혜는 고요히 앉는 공부방법을 부정하지는 않고, 그 위에 다른 방법을 첨가해서 자신의 새로운 공부방법을 완성한다.

> 고요히 앉고 싶을 때는 오직 향 한 자루만 태우면서 고요히 앉으십시오. 앉아 있을 때는 혼침에 떨어지지 말아야 하고 들떠서도 안 됩니다. 혼침에 빠지는 것과 들뜨는 것은 모두 옛 성현들이 경계한 것입니다. 고요히 앉았을 때 이 두 가지 병폐가 현전하면 오로지 '개에 불성이 없다'는 화두를 드십시오. 그러면 이 두 가지 병폐를 애써 물리치지 않아도 당장에 가라앉을 겁니다. 오래오래 지속하다 보면 힘이 덜 드는 것을 느끼는데, 그곳이 바로 힘을 얻는 곳입니다. 따로 고요함 속에서 공부를 짓지 않아도 이것이 바로 공부입니다.[78]

고요히 앉는 공부를 하다 보면 생기는 병이 혼침과 들뜨는 것이다. 이것을 극복하기 위해 大慧는 '개에 불성이 없다'는 화두를 들라고 한다. 고요히 앉는 공부를 부정하지는 않지만, 고요히 앉아 있는 것이 아니라 그 상태에서 話頭를 드는 공부방법을 제시하고 있다. 즉 話頭에 집중함으로써 깨닫는 공부방법은 제시하고 있는

---

77) 『大慧普覺禪師書』, "若要眞箇靜 須是生死心破 不著做工夫 生死心破 則自靜也".

78) 『大慧普覺禪師書』, "要靜坐時 但燒一炷香靜坐 坐時不得令昏沈 亦不 得掉擧 昏沈掉擧先聖所 靜坐時纔覺此兩種病現前 但只擧狗子無佛性話 兩種病不著用力排遣 當下帖帖地矣 日久月深纔覺省力便是得力處也 亦 不著做靜中工夫 只這便是工夫也".

것이다. 이 방법은 앉아서 할 수 있는 것일 뿐만 아니라, 일상생활 속에서 언제나 할 수 있는 방법이다. 이것이 大慧의 분산된 마음을 붙잡고, 깨달음까지 가는 방법이다.

이 방법은 慧能의 돈오적인 수행방법을 계승하면서, 동시에 점수적인 방법도 종합하는 방법이라고 할 수 있다. 좌선도 부정하지 않으면서, 그리고 좌선에 집착하지도 않으면서 언제 어디서나 수행하는 방법을 완성했다고 할 수 있다. 그러나 朱子의 입장에서 보면 大慧의 방법 역시 문제가 있는 것이다. 왜냐하면 大慧의 방법은 朱子식의 窮理工夫가 존재하지 않기 때문이다. 朱子의 窮理工夫는 마음의 인식기능을 사용하여 대상 사물의 이치를 인식하는 과정을 통해 존재의 본래 성품을 확인하는 공부방법이다. 그러나 大慧는 마음의 인식기능의 사용을 철저하게 부정한다. 오로지 話頭에 집중해서 마음이 갈 곳 없는 경지까지 가야 깨달음을 이룰 수 있다고 한다. 이것이 大慧의 궁리공부방법이다. 즉 大慧의 공부방법은 朱子처럼 둘로 나누어 하는 것이 아니라 하나의 방법밖에 없는 것이다.

大慧의 방법은 朱子식의 窮理工夫는 없었지만, 朱子에게 미친 영향은 話頭에 집중하는 방법을 통해서 굳이 앉지 않더라도 언제 어디서나 수행할 수 있는 방법을 마련했다는 것이다. 朱子는 大慧의 話頭를 대신해서 敬工夫法을 제시한다. 大慧가 話頭를 통해서 마음을 깨어 있게 해서 본성을 확인했다면, 朱子는 敬工夫를 통해서 마음을 깨어 있게 했던 것이다.

이상에서 孔子와 孟子의 공부방법에 없었던 靜坐가 어디에서 나왔는지 우리는 확인할 수 있게 되었다. 禪學 六祖 慧能 이전의 수행방법이 靜坐를 통해서 자신의 본성을 확인하는 방법이었다. 그러므로 儒學의 靜坐는 禪學의 영향으로 시작되었다는 것을 알 수 있다. 시작은 禪學에서 했지만 시대가 지나가면서 靜坐의 의미도 바뀌게 된다. 다음 章부터 靜坐가 어떻게 바뀌는지 살펴보도록 하겠다.


## 2) 李翱의 靜坐와 窮理


儒學의 工夫論 역사도 禪學의 역사와 마찬가지로, 靜的인 수양에서 動的인 수양방법으로 변하는 흐름을 가지고 있다. 그 변화의 과정은 唐末의 李翱(772-841)에서 시작한다. 이고는 사람이 수양을 해야 되는 근거를 다음과 같이 제시하고 있다.

사람이 성인이 될 수 있는 근거는 性이다. 사람의 그 性을 미혹시키는 것은 情이다. 희・노・애・구・애・오・욕의 일곱 가지는 모두 情의 작용이다. 情이 혼미해지면 性은 곧 감추어진다. 性의 잘못이 아니다. 이 일곱 가지의 情이 순환하여 다가오기 때문이다. 그러므로 性이 채워질 수 있다. 물이 혼탁해지면 그 흐름이 맑지 못하다. 불에 연기가 나면 그 빛이 밝지 못하다. 물과 불이 맑게 하고 밝게 하는 데 그 잘못이 있는 것이 아니다. 모래를 혼탁하게 하지 못하면 흐름은 곧 맑아지고, 연기를 막지 못하게 하면 빛은 곧 밝아진다. 情이 일어나지 않으면 性은 곧 채워진다.79)

李翱는 '사람은 情 때문에 본성을 확충하지 못해서 성인이 될 수 없다'고 한다. 그래서 성인이 되기 위해서는 情을 없애야 된다는 방법을 제시한다. 그 방법으로 "헤아리지 않고 생각하지 않아서 마음을 고요하게 했을 때 마음에는 원래 생각이 없다는 것을 아는 것"80)이라고 한다. 이고와 같이 마음이 생각이 없는 경지에 이르기 위해서는 조용히 앉아서 자신의 마음을 확인하는, 정적인 정좌수양을 동반하지 않으면 안 된다. 그래서 이고의 수양방법론은 정적인 방법론에 치우쳐 있음을 알 수 있다. 이고의 이러한 영향을 받은 宋學의 원류인 周濂溪(1017-1073)는 主靜81)을 주장하여 너무 정적인 수양에 치우쳐 동적인 현실을 읽어내지 못하는 한계를 역시 가지고 있었다. 따라서 이 정적인 공부를 動靜을 아우르는 방법으로 전향시킨 사람이 바로 주렴계의 제자 정이천이

---

79) 『復性書 上』, "人之所以爲聖人者 性也 人之所以惑其性者 情也 喜怒哀懼愛惡欲七者 皆情之所爲也 情旣昏 性斯匿矣 非性之過也 七者 循環而交來 故性不能充也 水之渾也 其流不淸 火之煙也 其光不明 非水火淸明之過 沙不渾 流斯淸矣 煙不鬱 光斯明矣 情不作 性斯充矣".

80) 『復性書 中』, "人之昏也久矣 將復其性者 必有漸也 敢問其方 曰 弗慮弗思……方靜之時 知心無思者".

81) 『通書』, "聖人定之以中正仁義而主靜立人極"(주렴계는 靜을 위주로 하는 수양공부를 강조했다. 이것은 선불교의 영향이었다. 당시 주렴계는 회당조심 스님에게 교외별전의 가르침을 질문하였다. 그런데 조심 스님은 불교의 용어로 답을 하지 않고 공자의 가르침으로 답을 했다. 공자가 "아침에 진리를 깨달으면 저녁에 죽어도 좋다"고 했는데 필경 어떻게 진리를 들었길래 저녁에 죽어도 좋다고 했을까? 이 물음에 진지하게 오랫동안 파고들면 진리와 만난다고 하였다. 이런 물음이 선불교의 화두와 비슷하다. 이런 의문을 해결하기 위해서는 고요하게 자기 자신과 마주해서 질문을 던져야 한다. 그래서 자연스럽게 靜的인 修養이 될 수밖에 없는 것이다.)

다.[82] 朱子는 유학의 역사에서 程伊川을 아주 높게 평가하여 다음과 같이 언급하고 있다.

어떤 사람이 말했다: "진나라와 한나라 이래로 모든 유학자들이 경건함이라는 글자를 알지 못했는데 비로소 이천 선생이 자세하게 말씀하셔서 배우는 사람들이 힘쓸 곳을 알게 되었다." 말씀하셨다: "이천 선생이 그렇게 자세하게 설명했다."[83]

朱子는 위 글에서 어떤 사람의 논리를 긍정적으로 인정하여 이천 선생이 유학사에서 敬을 제시한 공로를 높이 평가하고 있다. 朱子는 이천 선생의 징 개념을 계승해서, 사람마다 상황에 맞게 대응시키고 적용하여 종합한다.

李翺를 전후로 한 시대의, 사물의 이치를 탐구하는 窮理 측면의 변화과정은 후한 鄭玄의 格物致知 개념에 나타난다.

格은 오는 것이다(來). 사물은 일과 같다. 앎은 선·악·길·흉의 처음과 끝을 아는 것을 말한다. 선에 대해 그 앎이 깊으면 선한 사물을 오게 하고, 악에 대해 그 앎이 깊으면 악한 사물을 오게 한다. 일은 사람들이 좋아하는 바에 기인해서 오는 것을 말한다.[84]

---

82) 『二程粹言』卷1 "問敬猶靜歟 曰 言靜則老氏之學也".
   『二程遺書』卷15 "敬則自虛靜 不可把虛靜喚作敬".
83) 『朱子語類』卷12 "或曰 自秦漢以來 諸儒皆不識這敬字 直至程子方說得親切 學者知所用力 曰 程子說得如此親切了".
84) 鄭玄 注 "格 來也 物 猶事也 知 謂知善惡吉凶之所終始也 其知於善深 則來善物 其知於惡深 則來惡物 言事緣人所好來也".

鄭玄에 따라 격물을 풀이하면 내가 善에 대해 아는 것이 깊으면 善한 사물이 오고, 내가 惡에 대해 아는 것이 깊으면 惡한 사물이 온다고 한다. 이것은 내가 양심적으로 살면 좋은 일이 많이 생기고, 비양심적으로 살면 악한 일이 많이 생긴다는 이치와 같다고 생각한다. 그러므로 좋은 일이 많이 일어나기 위해서는 자기 양심을 얼마나 많이 성장시키는가에 달려 있다고 할 수 있다. 그러나 朱子의 格物은 이와 관점이 다르다. 朱子의 格物도 결국은 자기의 본래적인 양심인 知를 확충시키는 것이 목적이기는 하지만 그 방법으로 외부 사물이 가지고 있는 이치를 궁구하는 과정이 있다는 것이 정현의 격물과 다르다고 생각한다. 정현은 나의 양심만 성장시키면 좋은 일이 온다고 했지 그 방법론에 대해서 세밀한 궁구가 결여되어 있다.

다음으로 李翱는 格物致知를 다음과 같이 말하고 있다.

> 사물이라는 것은 만물이며, 格이란 것은 오는 것이고 이르는 것이다. 만물이 이를 때 그 마음이 또렷하게 밝게 판별하지만 그것은 만물에 응하지 않는다. 이것이 치지이고 이것이 앎의 지극함이다.[85]

이고는 사물을 만물이라고 해서 범위를 넓히기는 했지만, 格의 의미를 만물이 나에게 오는 것이라고 했다. 이것 역시 정현의 해석과 같이 사물에 나아가서 사물의 이치를 인식하는 과정은 빠지고, 단지 내가 마음을 밝게 간직하면 어떤 사물이 오더라도 나의 마음은 그 사물에 동요하지 않는다는 것이다. 이 방법은 그의 滅情論과

---

85) 『復性書 中』, "物者萬物也 格者來也 至也 物至之時 其心昭昭然明辨焉 而不應於物者 是致知也 是知之至也".

관련이 있다. 이고는 사람이 성인이 될 수 있는 근거는 性인데 이 性을 흐리게 하는 것이 일곱 가지의 情이라고 한다. 그래서 본성을 회복하기 위해서는 情을 없애야 한다는 滅情을 주장한다.

그런데 인간의 情을 없애려면 사람 및 사물과 만나는 횟수를 줄여야 한다. 사람 및 사물과의 만남을 줄인다는 것은 결국 소극적인 삶을 산다는 것을 의미한다. 소극적인 삶을 벗어나서 적극적인 삶을 살기 위해서는 인간의 감정을 없애지 말고, 인간의 감정을 적극 활용하는 방식으로 변해야 한다. 그래서 사물을 피하지 말고, 사물의 이치를 궁구하여 사물이 가지고 있는 이치의 내용을 적극적으로 인식해서 사물을 극복하는 삶의 방식으로 변해야 한다. 이러한 과정으로 변화하는 것이, 朱子의 格物致知 방법론으로 한층 더 가까이 가는 것이다.

그러므로 이고의 수양방법론은 주자의 방법론으로 가기 위한 하나의 거쳐야 하는 과정이라 할 수 있다. 다음에는 주자의 공부방법론에 한층 더 가까이 다가선 張載와 伊川의 居敬窮理에 대해서 살펴보도록 하자.


## 3. 宋學의 涵養과 窮理


### 1) 張載의 常心과 窮理

張載(1020-1077)는 본성을 안정시키려고 해도 본성이 움직이지 않을 수 없고 또 오히려 바깥 사물에 의해서 얽매이게 되니 어떻

게 하면 이러한 현실을 벗어날 수 있겠는가[86]고 程子에게 질문을
한다. 이러한 질문 내용을 보면 張載의 궁극적인 관심은 본성을
안정시켜서 바깥 사물에 의해서 내 본성이 얽매이지 않는 경지를
원하고 있다는 것을 알 수 있다. 張載의 의문점을 해결하기 위해
서는 먼저 본성에 대해서 알아보고 다음으로 본성을 안정시키는
방법에 대해서 알아보아야 할 것이다. 張載는 本性(心性)을 다음
과 같이 말하고 있다.

　　太虛로 말미암아 天이라는 이름이 생겼고 氣化로 말미암아 道
　　라는 이름이 생겼고 虛와 氣를 합하여 性이라는 이름이 생겼고
　　性과 知覺을 합하여 心이라는 이름이 생겼다.[87]

　장재에 있어서 性은 虛와 氣를 합한 것이고 心은 性과 知覺을 합
한 것이다. 박경환은 이것을 다음과 같이 말한다. "장재는 心에 대
해 性을 體로 하고 知覺을 用으로 지닌 것으로 이해한다. 心의 本體
인 性은 만물의 근원인 太虛의 本性이 개체 속에 내재화된 것이다.
그것이 바로 太虛와 마찬가지로 神과 虛를 속성으로 지니는 天地之
性이다. 따라서 心을 잘 보존하고 心이 지닌 본래적인 능력을 실현
하는 것이 곧 본연의 性인 천지지성을 실현하는 방법이다."[88] 만물

---

86) 『性理大全』 卷4 p.2190 "張子問定性未能不動 猶累於外物 何如".
87) 『張載』, "由太虛有天之名 由氣化有道之名 合虛與氣有性之名 合性與
　　知覺有心之名".
88) 박경환, 「유학적 공부론의 전통에서 본 장재의 궁리설」, 『東洋哲學硏
　　究』 제24집, 2001, p.145.

의 근원인 천지지성을 실현하기 위해서는 마음을 보존하여 마음이
지닌 본래적인 능력을 실현해야 한다. 이 마음이 지닌 본래적인 능
력을 실현하는 것은 쉬운 것이 아니다. 왜냐하면 마음의 속성이 외
부 사물에 이끌려 밖으로만 치닫기 때문이다. 장재는 이러한 마음
의 속성을 '客慮'와 '常心'으로 묘사한다.

마음이 맑을 때는 항상 적고 어지러울 때가 항상 많다. 마음이
맑을 때는 곧 보는 것이 밝고 듣는 것이 총명하여 몸을 구속하지
않더라도 자연히 공손하고 근엄해진다. 마음이 어지러울 때는 이
와 반대다. 이와 같은 것은 무엇 때문인가? 대개 마음을 쓰는 것
이 아직 익숙하지 않아서 客慮가 많고 常心이 적기 때문이다.[89]

장재는 마음의 속성에 대해, 맑을 때는 구속하지 않아도 공손하
고 근엄해지지만 어지러우면 이렇게 되지 않는다고 한다. 그 이유
는 客慮가 많고 常心이 적기 때문이라고 한다. 그러므로 장재의
논리대로 마음을 맑게 하려면 客慮를 줄이고, 常心을 많게 하면
된다. 이러한 상황은 마음의 바깥 사물에 대한 반응을 통해서 알
수 있다. 마음은 바깥 사물을 만나면 반응을 일으킨다. 그러므로
마음의 반응이 어떻게 일어나는지를 관찰하면 지금 그 사람의 마
음이 안정되어 있는지, 아니면 안정되어 있지 않은지를 알 수 있
다. 예를 들면 말에 무게가 있고 몸에 여유가 있으면 그 사람의

---

89) 『性理大全』 卷5 p.2119 "心淸時常少 亂時常多 其淸時卽視明聽聰四體
不待羈束而自然恭謹 其亂時反是 如此者何也 蓋用心未熟 客慮多而常
心少也".

마음은 안정된 마음, 즉 항상 된 마음[90]이라고 할 수 있다. 그러나 반대 현상이 일어나면 잡된 생각이 마음을 흔들고 있다는 것을 알 수 있고, 이때의 마음은 바깥 사물에 의해서 물든 마음, 즉 '客慮'라고 할 수 있다. 그런데 항상 된 마음과 잡념에 의해 물든 마음은 두 마음으로 존재하는 것이 아니고, 한 마음이 두 가지로 표현된 것이다. 그러므로 항상 된 마음이 먼저 내 마음을 가득 채우면, 잡념에 물든 마음은 사라지게 된다. 장재는 이 상태를 '虛心'으로 말하고 있다.

　　마음을 비운 뒤에 마음을 다 사용할 수 있다. 마음을 비우면
　　바깥 사물에 의해서 마음이 얽매이지 않게 된다.[91]

　　결국 장재에 의하면, 바깥 사물에 의해서 내 마음이 흔들리지 않으려면 '常心' 혹은 '虛心'이 되면 가능하게 된다. 내 마음을 '常心'과 '虛心'의 상태로 만드는 것이 장재의 敬工夫이다.

　　학문하는 사람은 진리에 나아가고자 함에 모름지기 그 일을 공경히 하면 진리에 대한 확신이 자리잡게 된다. 진리에 대한 확신이 자리잡으면 진리를 이루게 된다. 아직 敬하지 않고서 진리에 대한 확신을 세운 사람은 없었다. 진리에 대한 확신을 세우지 못하고서 어찌 진리가 이루어지기를 바라겠는가?[92]

---

90) 『性理大全』 卷4 p.2117 "心定者 其言重以舒 不定者 其言輕以疾".
91) 『性理大全』 卷4 p.2118 "虛心然後能盡心 又曰 虛心則無外以爲累".
92) 『性理大全』 卷5 p.2914 "張子曰 學者欲其進 須敬其事則有立 有立則有成 未有不敬而能立 不立則安可望有成".

장재에 있어서 학문의 목표는 진리를 이루는 것인데, 진리를 이루기 위해서 먼저 해야 할 일은 마주한 일을 공경하는 것이다. 그러면 진리에 대한 확신이 확립되고, 얼마 있지 않아서 진리를 완성하게 된다고 한다. 그래서 장재에 있어서 진리를 완성하는 출발점은 바로 마음을 깨어 있게 하는 것이다. 장재는 마음을 깨어 있게 하는 敬工夫의 구체적 방법을 다음과 같이 서술하고 있다.

> 마음을 바르게 하는 처음에 마땅히 자기의 마음을 엄격한 스승으로 삼아야 한다. 무릇 움직임에 조심할 줄을 알아서 이와 같이 일이 년을 보내어 굳게 지키면 자연히 마음이 바르게 된다.[93]

마음을 바르게 할 때는 자기의 마음을 엄격한 스승으로 삼아서 굳게 지키면 된다고 하였다. 자기의 마음을 엄격한 스승으로 삼는 것은 항상 이 마음이 다른 곳으로 관심을 기울이지 않도록 자세히 관찰하는 것이다. 마치 우리가 공부할 때 스승이 지키고 있으면 한눈팔지 않고 공부를 열심히 하는 것과 같다. 그런데 이 공부는 처음에는 좀 되는 것 같다가 얼마 안 있으면 마음이 모아지지 않고 도망가 버린다. 마치 엄격한 선생이 지키고 있으면 공부가 되는 것 같다가 조금 풀어지면 다시 공부하기 싫은 마음이 생기는 것과 같다. 이럴 때 장재는 풀어진 마음을 다음과 같이 붙잡으라고 하였다.

---

93) 『性理大全』 卷5 p.2891 "張子曰 正心之始 當以己心爲嚴師 凡所動作 則知所懼 如此 一二年間 守得牢固則自然心正矣".

마음을 너무 심하게 붙잡으려 하면 도리어 마음이 미혹된다. 이럴 때는 마음을 넓게 해서 완전히 익힌 뒤에 마음이 없는 것처럼 해야 한다. ……마음을 너무 간절하게 구하면 도리어 미혹되는데 이른바 맹자의 조장이다. 맹자는 단지 존양을 말했을 뿐이다. 이 공부는 총명한 사고만으로 힘써서 이를 수 있는 것은 아니다.[94]

敬工夫를 충실히 해서 마음이 항상 깨어 있는 상태에서 이치를 연구하는 것은 크게 어려움이 없지만, 마음이 아직 깨어 있지 않은 상태에서 이치를 연구하면 도리어 마음은 보존되지 않고, 바깥 외물의 이름이나 모양을 따라 마음은 분산되어 버린다. 이때는 이치를 연구하는 공부는 그만두고, 모든 생각을 멈춘 상황에서 자신의 마음을 깨어 있도록 하는 데 힘을 사용해야 한다. 마음을 넓혀서 마음의 경계가 없는 무심의 상태가 될 때, 이치를 연구할 수 있는 좋은 환경이 된다. 이렇게 하지 않고 아직 무심한 상태가 되지 않았는데 무리하게 이치를 연구하는 것을 장재는 孟子의 '助長工夫'가 될 뿐이라고 했다.

맹자에 있어 助長은 '반드시 일삼음이 있으면서 효과를 미리 기대하지 말고, 마음에 잊지도 말며, 조장하지도 말아서 송나라 사람처럼 하지 말아야 한다. 송나라 사람으로서 벼의 싹이 자라지 못함을 안타깝게 여겨 뽑아 놓은 자가 있었는데 비실거리며 돌아와 자기 집 사람들에게 말하기를 오늘은 피곤하다, 나는 벼의 싹을

---

94) 『性理大全』 卷5 p.2891 "鑽硏太甚則惑 心之要只是欲平曠 熟後無心……求之太切則反昏惑 孟子所謂助長也 孟子亦只言存養而已 此非可以聰明思慮力所能致也".

도와서 자라게 했다고 하자 그 아들이 달려가서 보니 벼의 싹은
말라 있었다.'95)이다.

마음을 붙잡는 공부를 할 때, 아직 마음을 붙잡을 때가 되지 않
았는데 무리하게 마음을 붙잡기 위해서 힘을 더하는 것을 맹자는
助長이라고 했다. 그 비유로 벼의 싹은 때가 되면 저절로 자라는
데, 이것을 기다리지 못하고 빨리 키우기 위해서 벼 싹을 뽑는 것
은 도리어 벼의 생명을 죽이는 것이라고 했다.

그러므로 마음이 푹 익을 때까지 공부하지 않고 미리 이치를 연
구하는 것은 조장공부가 되어 도리어 공부에 방해가 된다. 이것을
기다리지 못하는 사람 중에 가장 경계해야 할 사람으로 장재는 총
명한 생각을 앞세워 무리하게 공부하는 사람을 예로 들고 있다.
총명한 생각을 앞세워 무리하게 공부하는 사람은 마음이 푹 익기
전에, 즉 마음이 깨어 있기도 전에 공부를 다 끝낸 것처럼 행동한
다. 그러므로 총명한 생각만으로는 참된 진리에 접근하기가 어렵
다고 했다. 이에 장재는 총명한 생각만으로는 진리에 이를 수 없
다고 말하고, 총명한 생각을 뒷받침하는 마음의 깨어 있는 방법으
로 언제 어디서나 마음공부를 할 것을 제시한다.

> 말에는 가르침이 있고 행농에는 법이 있고 낮에는 하는 일이
> 있고 밤에는 얻는 것이 있고 숨 쉬는 사이에노 기름이 있어야 하
> 고 눈 깜짝할 사이에도 보존함이 있어야 한다.96)

---

95) 『孟子』,「公孫丑上」, "必有事焉而勿正, 心勿忘, 勿助長也. 無若宋人然:
宋人有閔其苗之不長而 之者, 芒芒然歸, 謂其人曰; 今日病矣, 予助苗
長矣 其子趨而往視之, 苗則槁矣".

82

말할 때, 행동할 때, 낮에는 물론 밤에도 그리고 심지어 숨 쉬고, 눈 깜짝할 사이에 마음을 기르고 보존하라고 한다. 일상생활 자체가 모두 마음을 기르고 보존하는 때인 것이다. 이렇게 하기 위해서는 한순간도 마음을 수양하는 데 정신을 놓아서는 안 된다. 이렇게 마음을 붙잡은 상태에서 이치를 연구하는 것이 窮理工夫이다. 장재는 窮理를 다음과 같이 말한다.

> 만물에는 모두 리가 있다. 만일 궁리를 모른다면 평생을 꿈꾸며 사는 것과 같다.[97]

장재는 만물에는 모두 이치가 있으니 이 이치를 궁리할 줄 모르면 평생을 꿈을 꾸면서 보내는 것과 같다고 하였다. 이치를 궁리한다는 것이 매우 중요한 일임을 알 수 있는 대목이다. 그리고 장재가 궁리를 중요하게 생각하는 이유를 그의 불교를 비판하는 글에서 잘 볼 수 있다.

> 석씨는 하늘이 부여한 性에 제멋대로 의미를 붙여 하늘의 작용을 규정할 줄 모르고 도리어 六根의 미묘한 것으로써 天地를 일으킨다고 여긴다. 그들은 총명함을 다 드러낼 수 없으니 天地日月을 환망이라고 속인다. 일신의 작은 것에서 그 작용을 가리고 허공의 큰 것에서 그 뜻을 도탄에 빠뜨리니 이것이 큰 것을 말하나 작은

---

96) 『性理大全』 卷5 p.2974 "橫渠云 言有敎 動有法 晝有爲 宵有得 息有養 瞬有存".
97) 『張載集』, 「張子語錄」 中 "萬物皆有理 若不知窮理 如夢過一生".

것을 말하나 흘러들어가 中을 잃게 된 원인이다. 큰 것에서 과오
를 일으켜 육합을 미진으로 여기고 작은 것에서 가려 인간 세상을
환망이라고 생각하니 그것을 窮理라고 말할 수 있겠는가? 窮理를
알지 못하고 그것을 盡性이라고 말할 수 있겠는가? 그것을 알지
못함이 없다고 말할 수 있겠는가? 육합을 미진으로 여김은 천지가
끝이 있음을 말하고 인간세상을 환망이라고 함은 그 소종래를 궁
구할 수 없음이다.[98]

위의 글에 대해서 김미영은 "여기서 所從來를 궁구한다는 것은
窮理工夫로서 궁리공부가 성립되려면 대상세계를 탐구대상의 영역
으로 포괄시킬 수 있어야 한다. 따라서 장재는 窮理工夫를 주장하
는 기저에 대상세계를 氣의 실재성에 근거하여 이론화함으로써 이
에 근거하여 窮理工夫를 강조하게 된다"[99]고 하였다.

장재에 있어서 窮理工夫가 강조되는 이유는 현상세계가 空이 아
니라 실재한다는 것이다. 실재하는 근거로 장재는 氣를 제시하고
있다. 그리고 理는 氣 속에 있는 법칙과 질서이다. 즉 氣가 다양한
형식으로 변화 운동하지만 그것이 일정한 질서를 지니고 이루어
질 수 있는 것은 다름 아닌 氣가 지닌 理 때문이다. 또 理는 보편
적이고 객관적인 것이다. 理가 氣의 운동변화 과정에서 드러나는

---

98) 『近思錄』 卷13 "橫渠先生曰 釋氏妄意天性 而不知範圍天用 反以六根
之微 因緣天地 明不能盡 則誣天地日月爲幻妄 蔽其用於一身之小 溺其
志於虛空之大 此所以語大語小 流遁失中 其過於大也 塵芥六合 其蔽於
小也 夢幻人世 謂之窮理可乎 不知窮理而謂之盡性可乎 謂之無不知可
乎 塵妄六合謂天地爲有窮也 幻妄人世明不能究其所從也".

99) 김미영, 「주희의 불교비판과 공부론 연구」, 고려대 박사학위논문,
1998, p.135-136 참조.

법칙인 이상 그러한 氣에 의해 이루어지는 모든 사물에는 理가 내재해 있다. 또 理는 자연법칙과 도덕법칙을 포괄한다. 즉 理는 자연적인 氣의 운동변화의 법칙일 뿐만 아니라 인간이 따라야 할 도덕적 법칙이기도 하다.[100]

그러면 장재가 말하는 窮理란 구체적으로 무엇을 의미하는지 살펴보자. 장재의 理에 대한 규정에 근거할 때 장재가 말하는 窮理는, 곧 氣에 의한 변화작용과 그것에 의해 이루어진 사물을 대상으로 하여 그 속에 내재된 理를 파악하는 것이다. 장재는 窮理의 주체로 心을 언급하고 있다. 그는 心을 性과 知覺을 합친 것이라고 한다.[101] 즉 心에는 사물을 지각할 수 있는 기능이 있다. 그 지각을 장재는 둘로 나눈다. 하나는 見聞之知이고, 둘은 德性所知이다. 장재는 見聞知는 눈, 귀 등의 감각기관을 통해 대상을 받아들인 것에서 얻은 것이며, 사람들이 대상을 받아들일 수 있는 것은 안과 밖이 합일되기 때문이라고 보았다. 그러나 德性知는 눈, 귀 등의 감각기관 밖에서도 안과 밖이 합해짐을 아는 데서 얻어지는 것으로, 그 지식은 보통 사람의 수준을 훨씬 넘는 것이라고 하였다.[102] 즉 見聞知는 감각기관을 통해 받아들인 지식이고, 德性所知는 감각기관을 넘어서서 얻어지는 것이라고 하였다. 그래서 장

---

100) 박경환 「유학적 공부론의 전통에서 본 장재의 窮理說」 pp.149-150 참조.
101) 『正蒙』, 「太和」, "由太虛 有天之名 由氣化 有道之名 合虛與氣 有性之名 合性與知覺 有心之名".
102) 『張子全書』, 「正蒙」 大心篇 "人謂己有知 由耳目有受也 人之有受 由內外之合也 知合內外於耳目之外 則其知也 過人遠矣".

재는 德性所知는 見聞에서 생겨나지 않는다고 하였다. 德性所知와 見聞之知는 차원을 달리하는 앎인 것이다. 그런데 장재는 德性知를 얻기 위해서 見聞知가 필요하다고 언급하기도 했다.

耳目을 통해서 얻은 견문지는 비록 본성을 질곡하는 것이라 하지만 그러나 그것은 안과 밖을 합일시키는 능력이다. 따라서 우리는 감각기관이 본성을 열어주는 묘체임을 알아야 한다.[103]

이것은 見聞知가 德性을 해치는 경우도 있지만 동시에 德性을 함양하기도 한다는 것을 의미한다. 그러므로 둘은 어느 하나를 배제하고는 성립되는 것이 아님을 알 수 있다. 見聞知를 통해서는 외물의 드러난 모습과 작용을 보는데 이 모습과 작용 속에 理가 드러나 있는 것이다. 이 드러난 理를 확인하고 확충하면 德性所知가 길러지는 것이다. 그런데 이 과정은 단번에 이루어지지 않는다. 그래서 장재는 점진적인 것을 요구한다.

窮理는 또한 마땅히 점차적으로 해야 하는데 사물을 보는 것이 많으면 궁리가 많아진다. 이와 같이 해야 사물의 性을 지극히 할 수 있다.[104]

한 사물을 궁구했다고 해서 바로 德性知를 얻을 수 있는 것이 아니다. 많은 사물을 지속적으로 연구해서 더욱더 세밀하게 파고

---

103) 『張子全書』, 「正蒙」 大心篇 "耳目雖爲性累 然合內外之德 知其爲啓之之要也".
104) 『張子語錄 上』, "窮理亦當有漸 見物多 窮理多 如此可盡物之性".

들어야 德性知를 얻을 수 있는 것이다. 이와 같은 장재의 철학체계에서 궁리의 대상이 되는 것으로 禮가 있다.

장재는 禮를 두 가지로 구분한다. 이른바 形而上의 道로서의 禮와 形而下의 器로서의 禮가 그것이다. 형이상의 도로서의 예란 '天序'나 '天秩'과 같은 것으로 氣의 변화인 천도가 지닌 법칙성을 가리키는 것이다. 장재는 이러한 天序와 天秩을 '천지의 禮' 혹은 '형체가 없는 禮'라고 부른다. 따라서 장재에게 있어서 그것은 理와 동일한 개념으로 불변적인 자연의 법칙이며 인간이 마땅히 따라야 할 법칙이다. 器로서의 禮란 五常이나 五典에서부터 典禮나 신분질서, 井田制와 같은 정치제도 등에 이르기까지 이른바 '聖人이 제정한 제도'를 의미한다. 장재는 이것들이 인간의 자의적인 구성물이 아니라, 天序·天秩 즉 자연스러운 천리가 구체화된 것으로 본다. 그러므로 禮에 대한 窮究는, 天理로서의 禮의 본질을 이해하고 그것에 의거한 구체적인 典禮를 제정하고 실천할 수 있게 하며, 무엇보다도 禮를 배워서 알고 그것에 의거해 행위 해야만 나쁜 기질과 후천적인 習에 의한 제약을 제거할 수 있게 한다.[105]

그렇다면 장재의 窮理說이 지니는 의미는 무엇일까? 窮理란 理의 객관적 존재를 긍정하는 사고를 전제로 한 것이다. 그리고 장재에게서 理란 곧 세계의 실재성을 담보하는 개념인 氣가 지닌 법칙성이고 원리이다. 현상계의 자연은 결코 불교나 도가에서 말하는 것과 같이 인간의 감각이 구성한 幻妄과 같은 것이 아니라, 객관적으로 존재하는 실재이다. 그러므로 장재의 窮理論은 객관적

---

105) 박경환, 「儒學的 工夫論의 傳統에서 본 장재의 窮理說」, pp.156-157.

세계의 실재성을 긍정한 바탕 위에서 제시될 수 있는 공부론이라고 할 수 있다.[106]

지금까지 서술한 장재에 있어서 居敬과 窮理공부의 관계는 見聞知와 德性知의 개념을 통해 알 수 있다. 장재에 있어서 見聞知는 감각기관을 통해 받아들인 지식이고, 德性知는 감각기관을 넘어서서 얻어지는 것이다. 그래서 장재는 德性知는 見聞에서 생겨나지 않는다고 하였다. 德性知와 見聞知는 차원을 달리하는 앎인 것이다. 그러나 장재는 德性知를 얻기 위해서 見聞知가 필요하다고 언급하기도 한다.

이것은 견문지가 덕성을 해치는 경우도 있지만, 동시에 덕성을 함양하기도 한다는 것을 의미한다. 견문지를 통해서는 외물의 드러난 모습과 작용하는 것을 보는데, 이 모습과 작용 속에 理가 드러나 있는 것이다. 이 드러난 理를 확인하고 확충하면 德性所知가 길러지는 것이다. 그런데 이 과정은 단번에 이루어지지 않는다. 그래서 장재는 점진적인 것을 요구한다. 한 사물을 窮究했다고 해서 바로 德性知를 얻을 수 있는 것이 아니다. 많은 사물을 지속적으로 연구해서 더욱더 세밀하게 파고들어야 德性知를 얻을 수 있는 것이다.[107]

결국 장재에 있어서 居敬과 窮理의 관계는 居敬이 바탕이 된 상태에서 窮理공부를 지속적으로 해서 德性知를 얻는 것이라고 할 수 있다. 단순히 窮理공부만 하면 見聞知에서 그치고 말 것인데,

---

106) 박경환, 「유학적 공부론의 전통에서 본 상새의 궁리설」, p.163 참조.
107) 박경환, 「유학적 工夫論의 전통에서 본 張載의 窮理說」, p.153.

여기서 그치지 않고 德性知를 체득할 때까지 공부할 수 있는 힘을 바로 敬이 제공해 준다고 할 수 있다. 이전에 살펴보았던 孔子·孟子의 공부론도 장재의 공부론과 다르지 않음을 알 수 있다. 단지 다른 것은 공자 맹자에게 보이지 않는 형이상학적인 근거가 장재에게는 풍부하다는 것이다. 주자는 이 풍부한 근거를 바탕으로 자신의 철학을 집대성한다.


## 2) 程伊川의 涵養과 進學


伊川의 敬工夫를 잘 알 수 있는 글은 이천이 젊었을 때 작성한 답안에 잘 드러난다. 그 글 제목은 「안연이 좋아한 것은 어떤 배움이었는지를 논하라(顔子所好何學論)」는 것인데 그 내용은 다음과 같다.


　　배우는 것은 성인의 진리에 이르기 위한 것이다. 배움의 길은 무엇인가? 천지가 정기를 쌓아 만물을 낳는데 오행의 빼어난 정기를 얻은 것이 사람이니 그 근본은 참되고 고요하다. 이것이 미발했을 때는 五性이 구비되어 있으니 仁義禮智信이고 형체가 이미 생기고 나면 외물이 그 형체에 접촉되어 마음이 움직인다. 마음이 움직여 칠정이 나오니 喜怒哀樂愛惡欲이다. 情이 이미 성해져 더욱 방탕해지면 性이 해롭게 된다. 이 때문에 배우는 사람은 情을 단속하여 알맞음(中)에 맞게 해서 마음을 바르게 해서 性을 기를 뿐이다. 그러므로 그 감정을 본성에 맞게 하는 것이라고 한다. 어리석은 사람은 감정을 단속할 줄 몰라 情을 놓아버려 사특함에 이

르게 된다. 性을 질곡시켜 없는 상태에까지 이르게 된다. 그러므로
그 본성을 감정과 같은 수준으로 만들어 버린다고 한다.[108]


　위 글에서 이천은 사람들이 배우는 이유는 聖人의 진리를 얻는
것을 목표로 하고 있다고 서술하고 있다. 그리고 무엇을 배워야
성인이 될 수 있는지 그 배움의 대상을 서술하고 있다. 먼저 이천
은 인간은 하늘에게서 오행의 빼어난 것을 받아서 태어났기 때문
에 그 근본은 참되고 고요하다고 한다. 그 참되고 고요한 근본의
내용으로 아직 바깥 사물과 접촉하지 않아서 밖으로 표현되지 않
았을 때를 五性이리 하고 내용이 仁義禮智信이다. 그리고 이 五性
은 사람의 氣質과 함께 존재한다. 그리고 이 기질은 사람의 몸 안
에 깃들이게 된다. 이것을 이천은 형체가 이미 생겨났다고 표현하
였다. 사람의 몸이 이미 만들어지면 이미 몸 안에 본성과 기질이
함께 자리하고 있는 것이다. 그래서 우수한 기질을 받고 태어난
사람은 그 안의 내용인 본성도 우수하기 때문에 감정의 표현도 적
절하게 잘할 수 있다. 그래서 이런 부류의 사람은 배우지 않아도
문제를 일으키지 않는다. 배움이 필요한 사람은 우수한 기질을 받
지 못해서 그 표현이 적절하지 못한 사람에 한정될 것이다.
　그리고 위와 같은 사람의 기질은 감각기관과 연결되어 있다. 이

---

108) 『二程集』 程子曰 學以至乎聖人之道也 學之道 奈何 曰天地儲精 得五
　　行之秀者爲人 其本也眞而靜 其未發也 五性具焉 曰仁義禮智信 形旣
　　生矣 外物 觸其形而動中矣 其中動而七情出焉 曰喜怒哀樂愛惡欲
　　情旣熾而益蕩 其性鑿矣 是故 學者約其情 使合于中 正其心養其性而
　　已 故曰性其情 愚者則不知制之 縱其情而至于邪 梏其性而亡之 故曰
　　情其性.

간은 이 감각기관을 가지고 외부의 사물과 접촉하면 五性이 움직인다. 五性이 움직여 표현되는 것이 七情이고 그 내용으로 喜怒哀樂愛惡欲이 있다. 그런데 사람의 기질 차이에 따라 情이 다르게 표현된다. 하늘로부터 우수한 기질을 받은 사람은 情을 적절하게 표현하기 때문에 문제가 없다.

그러나 열등한 기질을 받은 사람은 情을 알맞게 표현하지 못한다. 그러므로 情을 알맞게 표현하기 위해서는 우선 기질을 하늘로부터 잘 받아야 하지만 이것은 사람이 노력한다고 되는 것이 아니다. 그러므로 보다 중요한 것은 이미 하늘로부터 받은 기질을 어떻게 조화롭게 변형시켜야 되는지 그 인간의 노력에 달린 것이라 생각한다.

그 기질을 변화시키는 방법으로 이천은 본성이 감정으로 드러날 때 情을 잘 단속해서 지나친 정이 되지 않도록 하는 것이 결국은 마음을 바르게 하는 것이고 本性을 기르는 것이라고 하였다. 여기에서 이천의 마음은 性과 情의 두 부분에 아울러 작용하고 있다는 것을 알 수 있다. 그러므로 마음의 기능은 드러나고 있는 情을 잘 단속해서 本性을 함양하는 것임을 알 수 있다. 그 내용은 다음의 글에서 잘 드러난다.

배우는 사람이 앎을 막고 사려를 그치게 하는 것을 배움의 길로 삼는다면 (노자가 말한바) 앎을 끊고 지식을 버림에 빠지지 않는다면 반드시 불교의 앉아서 선을 하면서 고요함에 들어가는 것에 흐르게 될 것이다. 무릇 거울이 지극히 밝으면 만물을 모두 비추는 것이 거울의 일정함인데 어찌 거울로 하여금 만물을 비추

지 못하게 하겠는가? (사람의 마음은) 만물과 더불어 접촉하지
않을 수 없으니 그런즉 (마음은 사물에서) 자극을 받으면 반드시
반응이 있다. 그래서 앎은 막을 수 없고 사려도 그치게 할 수 없
다. 바깥 사물의 유혹의 근심을 없애려면 오직 마음에 주인이 있
고 난 이후에 가능하다. 마음에 주인이 있는 것은 敬을 주인으로
두는 것이다. 敬을 주인으로 하는 것은 하나를 주인으로 하는 것
이다. 하나를 주인으로 하지 않으면 두세 개로 분산된다. 진실로
마음을 한 가지 일에 매어 두면 다른 일이 들어오지 못한다. 하물
며 敬을 주인으로 하는 데 있어서야.109)

이천은 위 글에서 마음은 대상을 만나면 보고·듣고·판단하
고·생각하는 행위를 할 수밖에 없다고 말하고 있다. 이러한 행위
를 하지 못하게 하는 것은 마치 거울이 있는데 거울로 하여금 사
물을 비추지 못하게 하는 것과 같다고 하였다. 이천은 사람이 마
음이 있으면 사물을 보고 듣고 판단하고 생각하는 여러 가지 움직
임을 하는 것은 당연한 것으로 받아들이고 있다. 그런데 문제는
이러한 마음의 움직임을 그대로 두면 사람의 감정이 조절력을 잃
게 되어 근본인 본성마저 흔들리게 하는 혼란을 가져온다는 것이
다. 즉 이천은 주인이 없는 마음에 신뢰를 보이지 않고 있다. 이
주인이 없는 마음을 이천은 '하나를 주인으로 삼지 못해서 두세
개로 분연된 마음'이라고 표현하고 있다.

---

109) 『二程粹言』, "學者以屏知見息思慮爲道 不失於絶聖棄智 必流於坐禪
入定 夫鑑之至明則萬物畢照 鑑之常也而奚爲使之不照乎 不能不與萬
物接則有感必應 知見不可屏而思慮不可息也 欲無外誘之患 惟內有主
而後可 主心者主敬也 主敬者主一也 不一則二三矣 苟繫心於一事則他
事無自入 況於主敬乎".

그렇다면 마음이 외부의 유혹을 물리치고 마음에 주인을 두는 한결같은 마음을 유지하기 위해서는 어떤 대상을 설정해서 꾸준한 공부가 필요하다는 것을 알 수 있다. 이천은 그 방법으로 坐禪入定의 방법은 문제가 있는 것으로 서술하고 있다. 마음이 있으면 언제나 일어나는 생각을 억지로 누르려고 하기 때문이다. 일어나는 생각을 억지로 누르려고 하지 말고 마음의 기능을 인정하면서 마음을 안정되게 하는 방법은 없을까? 그것을 이천은 '마음에 주인을 두는 것'이라고 하였다. 마음이 대상을 만나면 생각이 일어나지만 일어나는 그 마음에 주인을 두면 대상에 끌려가지 않는다. 이것을 이천은 '敬을 主人으로 두는 것'이라고 하였다.

이천의 마음에 대한 이러한 견해는 그 뿌리를 거슬러 올라가면 孟子와 연관이 있다. 孟子는 心의 기능에 대해 "마음의 기능은 생각하는 것이니 생각하면 얻고 생각하지 않으면 얻지 못한다"[110]고 하였다. 그리고 마음의 기능인 생각하는 것을 통해서 마음에 주인을 두는 방법으로 "必有事焉·勿正·勿忘·勿助長"[111]을 들고 있다. 이 방법은 孟子가 浩然之氣를 기를 때 제시한 방법이다. 그 뜻은 반드시 호연지기를 기르는 데 힘을 사용하고(必有事焉) 그렇다고 호연지기를 기르면 어떤 효과가 있을 것이라고 미리 기대하지도 말고(勿正) 그렇다고 호연지기를 기르는 것을 마음에 잊어버려서도 안 되고(勿忘) 호연지기가 잘 길러지지 않음을 안타깝게 여겨서 억지로 조장해서도(勿助長) 안 된다는 뜻이다. 이렇게

110) 『孟子』 告子 上」, "心之官則思 思則得之 不思則不得也".
111) 『孟子』, 「公孫丑 上」, "必有事焉而勿正 心勿忘 勿助長也".

해서 호연지기가 길러지면 마음에 어떤 바깥 사물이 와서 유혹을
해도 흔들리지 않는 경지에 이르게 된다. 이천의 경공부도 마음이
바깥 사물을 만나 움직일 때 바깥 사물의 유혹을 따라가지 않는
경지에 이르기 위해서 마음에 주인을 두어서 결국은 나의 본성을
기르는 공부방법이다. 이런 공부를 할 때 마음에 주인을 두는 것
을 너무 의식하면 마음이 안정되지 못하고 도리어 더 불안하게 만
들 수도 있다. 이런 경우에 맹자가 제시한 네 가지 방법, 즉 경공
부를 하는 것을 항상 생각하되 경공부의 효과에 너무 기대하지 말
고 그렇다고 경공부하는 것을 잊어서도 안 되고 공부를 하다가 효
과가 없다고 해서 무리를 하거나 포기해서는 안 된다는 것이다.

그러므로 이천의 心은 맹자를 계승하면서 맹자가 하나의 개념으
로 제시하지 못한 敬(깨어 있음)을 새롭게 제시했다는 것을 알 수
있다. 그리고 사람의 惡이 어디에서 발생하는지 그 원인을 맹자는
"눈과 귀는 생각을 못하기 때문이다"[112)]라고 했다. 이것은 惡을
발생시키는 근거를 눈과 귀에 둔 것이다. 물론 크게 보면 사람의
감각기관인 눈과 귀도 기질의 영역에 들어가기 때문에 틀린 설명
은 아니다. 그러나 더욱 세밀하게 분석하면 惡의 발생 근거를 명
확하게 설명하지 못한 부분이 있다. 왜냐하면 눈과 귀 이전에 눈
과 귀를 움직이는 氣質의 性이 있기 때문이다. 맹사는 눈과 귀를
움직이는 기질의 성을 분명하게 제시하지 못했다. 그러나 이천은
惡을 발생시키는 근거로 氣質을 제시하고 있다. 이것을 설명하려
면 本性에 대해서 살펴보아야 한다.[113)]

---

112) 『孟子』, 「告子上」, "耳目之官 不思而蔽於物 物交物則引之而已矣".

이천은 마음의 體인 性을 性之本과 氣質之性으로 나누고 있다.

　("본성은 서로 가까우나 습관이 서로 멀게 한다."라고 말하는
공자의 말씀에) 이천은 "이것은 氣質之性을 말하는 것이지 性之本
을 말한 것은 아니다. 만약 근본을 말하면 性은 곧 이치요(性卽理)
이치는 善하지 않음이 없으니 맹자가 性善을 말한 것이 이것이니
어찌 서로 가까움이 있겠는가?"라고 하였다.[114]

　이천이 이렇게 性을 두 가지로 나눈 이유는 바로 心이 性에서
情으로 드러났을 때 드러난 情은 善이 될 수도 있고 不善이 될 수
도 있기 때문이다. 드러난 情이 不善이라면 그 뿌리인 性과 氣質
에도 不善이 있어야 한다. 그런데 性은 항상 善이기 때문에 惡은
氣質에서 찾을 수밖에 없다. 그래서 이천은 性을 善하다고 하면서
이것은 性의 근본이고 性의 다른 면을 보면 氣質之性이 있는데 바
로 이것이 不善의 원인이라고 하였다. 이렇게 되면 不善의 원인이
氣質임을 증명하게 되는 것이다. 이천은 氣質之性의 구체적인 모
습을 '形氣'라고 했다.

　사람의 본성은 지극히 큰데 形氣에 의해 부림을 당하고 있는데
도 스스로 알지 못하니 슬프다.[115]

---

113)『遺書』卷6 "論性不論氣 不備 論氣不論性 不明".
114)『論語集註』, "此所謂性 兼氣質而言者也 氣質之性 固有美惡之不同矣
　　然以其初而言 則皆不甚相遠也 但習於善則善 習於惡則惡 於是始相
　　遠耳 程子曰 此言氣質之性 非言性之本也 若言其本 則性卽是理 理
　　無不善 孟子之言性善是也 何相近之有哉".

이천은 위 글에서 본성을 '지극히 크다'라고 하고 이 큰 본성이 形氣에 의해 부림을 당하고 있다고 하였다. 여기서 본성이 지극히 크다는 것은 이 본성은 본래 善이라는 것이다. 그런데 이 善이 形氣에 의해 가려지고 있는 것이다.

이것을 形氣에 의해 부림을 당하고 있다고 서술하고 있다. 이 形氣가 바로 氣質이다. 本然之性이 氣質 속에 있는 것이다. 이러한 形氣를 이천은 보고 듣고 말하고 움직이는 몸의 쓰임이라고 서술하고 있다.

> 사람의 마음은 본래 지극히 텅 빈 것인데 반드시 사물에 응하되 (그 마음에는) 아무런 흔적이 없다. (그런데 그) 앞의 것(사물 일)과 접촉하여 (그것에) 가려지게 되니 그 한가운데가 흔들리게 된다. 그러므로 보고 듣고 말하고 움직이는 것이 반드시 예로 돌아가서 바깥의 것(사물 일)을 제어해야 그 안이 편안해지게 되며, (이것이) 오래되면 참되게 된다.[116]

> 보고 듣고 말하고 움직인은 몸의 쓰임이다. 마음 때문에 바깥에 응하여 바깥을 제어하는 것이 본성을 기르는 이유가 된다.[117]

위 글에서 本性은 원래 아무런 흔들림이 없는데 흔들리는 경우는 감각기관이 바깥 사물과 대응힐 때 禮에 어긋난 대응을 하면

---

115) 『遺書』, "夫人之性至大矣 而爲形氣之所役使而不自知 哀哉".

116) 『二程粹言』, "心本至虛 必應物無迹也 蔽交於前 其中則遷 故視聽言動 必復於禮 制於外 所以安其中也 久則誠矣".

117) 『二程粹言』, "視聽言動 身之用也 由中而應乎外 制乎外 所以養其中也".

본성도 흔들린다고 하였다. 여기에서 감각기관이 氣質이고 이 氣質속에 있는 것이 本然之性임을 알 수 있다. 그래서 감각기관을 잘 다스릴 때 本然之性도 길러진다고 한 것이다.

지금까지 이천이 분석한 心과 性의 개념을 통해서 心은 두 가지 기능을 한다는 것을 알 수 있다. 하나는 사물과 대응할 때 생각을 작동하여 사물의 시비를 분별하는 기능을 하는데 이것은 認識論에 속한다. 또 하나는 마음이 외부 사물을 만났을 때 외부 사물의 모양이나 이름을 보고 거기에 유혹당해서 넘어가지 않도록 마음에 주인을 두는 기능을 한다. 이것은 修養論에 해당된다. 이와 같이 마음을 가지고 하는 두 가지 방법을 이천은 전자를 格物致知 혹은 窮理라고 하고 후자를 居敬이라고 했다. 먼저 修養論에 속하는 居敬에 대해서 살펴보자.

敬에 있다는 것은 무엇을 말하는 것인가? 이천은 敬을 主一無適[118](하나에 집중하여 다른 것에 마음을 옮기지 않는 것)이라고 했다. 먼저 主一을 이천은 主와 一로 나누어서 서술하고 主에 대해서

사람의 마음은 만물과 교감하지 않을 수 없고 또한 思慮를 없게 하기가 어렵다. 만약 이러한 경우를 벗어나려면 오직 마음에 주인이 있어야 한다. 어떻게 주인을 둘 것인가? 敬일 뿐이다. 주인이 있게 되면 텅 비워지고 비워지면 사악함이 들어올 수 없다. 주인이 없으면 (손님이) 주인 노릇하게 된다. 손님이 주인 노릇한다는 것은 사물이 와서 (마음을) 빼앗는다는 것이다.[119]

---

118) 『二程粹言』, "或問敬 子曰 主一之謂敬 何謂一 子曰 無適之謂一 何以能見一而主之 子曰 齊莊整飾 其心存焉 涵養純熟 其理著矣".

마음에 주인을 두는 것이, 마음을 敬으로 존재하게 하는 것이라고 하였다. 주인을 두게 되면 마음이 텅 비워져서 사악함이 들어올 수 없다고 하였다. 그리고 이천은 一을 다음과 같이 서술하고 있다.

　　무릇 사람의 마음은 두 가지로 사용할 수 없다. 한 가지 일에 사용하게 되면 다른 일이 다시는 들어올 수 없게 된다. 일 하는 것을 주로 해야 하니 일 하는 것을 주로 하면 思慮가 어지럽게 되는 근심이 없을 것이다.[120]

一은 마음을 한 가지 대상에 집중하는 것임을 알 수 있다. 마음을 한 가지 대상에 집중함으로써 사려가 어지럽게 일어나는 것을 막는 것이다. 그래서 主一을 풀이하면 한 가지 일에 마음을 집중하는 것이라고 할 수 있다. 이렇게 된 상태를 이천은 敬이라고 했고 無適을 一이라고 했다.

그렇다면 구체적으로 하나에 집중한다는 것이 어떤 의미를 가지고 있는지 알아보자. 마음을 하나에 항상 집중하기 위해서는 마음이 다른 곳으로 분산되지 않도록 어떤 대상을 설정해서 공부할 필요가 있다. 마음을 붙잡아 두기 위해서는 우선 몸을 편안하게 안정시켜야 한다. 마치 항아리 속의 흐린 물을 맑게 하기 위해서는

---

119) 『性理大全』 卷5 p.2912 "人心不能不交感萬物 亦難爲之不思慮 若欲免此 惟是心有主 如何爲主 敬而已矣 有主則虛 虛謂邪不能入 無主則實 實謂物來奪之".

120) 『性理大全』 卷5 pp.2912-2913 "大凡人心不可二用 用於一事則他事更不能入者 事爲之主也 事爲之主 尙無思慮紛擾之患".

항아리를 평지에 고정시키면 되는 것과 같다. 몸을 고정시키는 방법을 통해서 마음을 붙잡는 것으로 靜坐가 있다. 이천은 자기의 제자들이 靜坐하는 것을 보면 항상 칭찬하였다고 한다.[121] 이런 것을 보면 이천이 얼마나 靜坐를 중요하게 생각했는지 알 수 있다.

靜坐의 자세는 자세히 알 수는 없지만 무릎을 꿇고 앉거나 반가좌부를 하였다고 한다.[122]

원래 이 방법은 불교의 영향을 받은 것이다.[123] 禪佛教에서는 진리를 체득하기 위해서 坐禪을 매우 중요시하였다. 좌선은 고요히 앉아서 생각을 비우고 눈을 반쯤 감고서 코끝을 응시하면서 호흡을 관찰하거나 화두를 들고서 본성을 깨우치는 방법이다.

초보자는 고요하게 앉으면 자기도 모르게 수만 가지 생각들이 자신을 괴롭힌다. 즐거웠던 일들은 물론이고 괴로웠던 일까지 한편의 영화처럼 생각 속에서 펼쳐진다.[124] 그래서 초보자는 적응이

---

121) 『이천문집』, "每見人靜坐 便歎其善學" 묻기를 "정자가 항상 사람에게 정좌하도록 하시니 어떻습니까?" 하자 대답하기를 "또한 그가 사람들이 생각이 많음을 보고서 사람으로 하여금 이 마음을 수습하게 한 것일 따름이다. 초학자가 또한 마땅히 이와 같이 해야 한다."라고 하였다.

122) 상채 사씨가 말하기를 "명도 선생이 종일 단정히 앉아 있는 것이 마치 진흙으로 빚은 사람 같다가도 사람을 접대하면 혼연히 일단의 화기가 있으니 이른바 바라보건대 엄한 듯하지만 가까이 하면 따뜻하다고 함이다."라고 하였다.
또 말하기를 "연평 선생이 일찍이 말하기를 도리는 모름지기 낮에는 이해하고 밤에는 오히려 고요한 곳에 가서 앉은 곳에서 생각해야만 비로소 얻을 수 있다고 하시거늘 나도 이 말에 의거하여 해보니 참으로 같지 않았다."라고 하였다.

123) 정념 엮음, 『네 발밑부터 살피라』, 장승, p.158.

되지 않아서 마음이 고요해지기는커녕 더욱더 소란스럽게 된다. 이 소란스러운 마음의 움직임을 조절하는 것이 바로 하나에 집중하는 것인데, 그 예로 호흡을 관찰하거나 화두에 집중하는 방법이 있다. 호흡을 관찰하게 되면 이 호흡에 신경을 쓰기 때문에 다른 잡념이 침입할 틈이 없다. 이렇게 호흡을 관찰하다가 시간이 흐르면 자기도 모르게 마음이 차분해진다. 호흡을 관찰하는 동안에는 마음이 다른 곳으로 달아나지 않기 때문에, 이것을 存心이라 할 수 있고 이 상태가 지속되면 마음이 차분해지고, 이를 통해 本性을 기르는 것이다. 이것을 養性이라 한다.

다음으로 話頭를 가지고 하는 방법이 있다. 話頭는 글자 의미 그대로 말하기 이전의 무엇이다. 의미를 가지고 해석을 해서는 안 되는, 단지 상징적인 부호 같은 것이다. 이 상징적인 부호를 가지고 계속 의심하게 되면 결국 본성을 얻는 방법이다. 대표적인 話頭로 無字 話頭[125]가 있다. 이 無字 話頭를 가지고 수행하는 방법을 대혜 선사는 다음과 같이 서술하고 있다.

조주의 '구자무불성' 화두를 그대가 마치 도적을 잡음에 이미 숨은 소굴을 알고 있으나 다만 아직 잡지 못함과 같을 따름이니,

---

124) 『心經附註』卷2 "佛家 亦有所謂流注想 他最怕這箇 潙山禪師云 某參禪幾年 至今不會斷得流注想".

125) 어떤 스님이 조주 스님에게 묻되 "개에게도 부처의 성품이 있습니까? 없습니까?" 하니 조주 스님이 말씀하시기를 "없다." 그 스님이 묻되 "일체의 모든 중생들에게 모두 부처의 성품이 있다고 하였는데, 개에게는 어째서 없습니까?" 하니, 스님께서 말씀하시길 "그에게 업식이 있었기 때문이다"고 하시었다.

청컨대 정신을 바짝 차려서 조금도 사이가 끊어지지 않게 하고
때때로 행주좌와 하는 곳과 보고 읽고 기록하는 곳과 인·의·
예·지·신을 닦는 곳과 웃어른을 시봉하는 곳과 학자를 제접해
가르치는 곳과 죽을 먹고 밥을 먹는 곳을 향하여 저와 더불어 겨
루어 간다면 홀연히 識心을 쳐서 깨뜨릴 것이니, 대저 다시 무엇
을 말하리요?126)

無字 話頭를 가지고 수행하는 방법으로 이 무자 화두를 가지고
정신을 바짝 차려서 틈이 생기지 않게 하고 일상생활을 할 때, 즉
행주좌와 할 때, 보고 읽고 기록할 때, 인의예지신을 닦을 때, 웃
어른을 시봉할 때, 학자를 가르칠 때, 밥 먹을 때 이러한 대상들과
더불어 겨루어 간다면 문득 망상을 깨뜨리고 본성을 확인할 수 있
다고 한다.

선불교는 이와 같은 방법을 통해서 마음을 항상 깨어 있도록 했
는데, 이천은 어떤 방법을 통해서 마음을 항상 깨어 있도록 했을
까? 그 방법을 다음의 대화에서 확인할 수 있다.

문: "경건함으로써 안을 곧게 할 때 의식적인 노력을 사용해야
됩니까?" 답: "처음에 어찌 의식적인 노력을 하지 않을 수 있겠
는가? (경공부를) 오래 하여 (안이 곧게) 완성되면 의식적인 노
력은 할 필요가 없을 것이다."127)

---

126) 대혜종고 著, 지상 註解, 『書狀』, 불광출판부, 1998, p.365. "趙州狗
子無佛性話 左右 如人 捕賊 已知窟盤處 但未捉着耳 請快着精彩 不
得有少間斷 時時向行住坐臥處 看讀書史處 修仁義禮智信處 侍奉尊長
處 提誨學者處 喫粥喫飯處 與之사崖 忽然打失布袋 夫復何言".

위에서 내면을 곧게 하는 공부를 할 때 의식적인 노력을 해야 되느냐는 질문에 이천은 처음에는 의식적인 노력을 하라고 한다. 처음부터 어떤 기준점이 없으면 어디서부터 출발해야 하는지 알 수가 없다. 이럴 때 그 기준점이 되는 것이 의식이라고 할 수 있다. 즉 참선을 할 때 마음을 호흡이나 화두에 집중하는 것이 의식적인 노력이라 할 수 있다. 이렇게 의식적인 노력을 통해서 한 가지 일에 집중을 해서 공부를 하다가 공부가 완성되면, 즉 언제나 의식이 하나로 통일되면 의식적으로 노력하지 않아도 마음은 항상 곧은 상태로 있게 되는 것이다. 이것을 경공부를 오래 하여 완성되면 의식적인 노력을 하지 않아도 마음은 항상 편안하고 곧은 상태가 된다는 의미이다.

위와 같이 하나에 집중해서 마음을 통일하는 방법은 이천의 방법과 선불교의 방법이 비슷하다고 할 수 있지만 선불교와 이천의 차이점은 선불교는 본성을 확인하기 위해서 계속 무자와 같은 화두나 좌선을 통해서 계속 공부를 해 가는 것이고, 이천의 공부는 정좌를 통해서 마음이 통일되었으면 계속 정좌를 하는 것이 아니고 이 상태에서 외부 사물을 만나서 사물이 가지고 있는 理를 인식하는 과정을 통해서 자신의 본성을 인식하는 방법이다. 그러니까 이천의 공부방법은 반드시 事物을 통해서 事物이 가지고 있는 理를 인식하는 과정을 거쳐야 한다는 것이다.

이것은 근본적으로 理를 무엇이라고 정의하는가에 달려 있는 것

---

127) 『二程粹言』, "又問敬以直內 其能不用意乎 子曰 其始安得不用意也 久而成焉意亡矣".

이다. 불교는 모든 사물을 空128)으로 본다. 이 입장에서는 굳이 사물에 나아가 사물의 理를 확인할 필요가 없고, 단지 내 마음에서 空의 상태를 확인하면 그만이다. 그러나 이천은 사물은 사물의 理를 가지고 있기 때문에 사물이 가지고 있는 理를 인식하지 않으면 안 된다.

理는 내 마음 속에도 있지만 사물에도 있다. 그래서 내 마음에서 확인하는 것도 중요하지만 이 理가 실제의 인간관계 속에서 어떻게 적용되는지 확인해 보는 것도 중요하다. 그래서 사물이 가지고 있는 理의 내용을 반드시 점검해 보아야 하는 것이다. 그래서 사물의 理를 점검하는 과정이 없는 불교를 이천은 비판했던 것이다.129)

위와 같이 이천은 靜坐를 통해서 내 마음을 항상 깨어 있게 하였다. 그러나 이 방법은 일상적인 업무 처리가 없을 때는 가능하지만 일상적인 업무 처리에 마주했을 때 이 업무를 물리치고 먼저 정좌를 한 다음에 업무 처리를 하는 것은 정좌수양의 본질이 아니

---

128) 성백효 譯註,『心經附註』, 전통문화연구회, 2002, p.70 "釋氏想有成無" 불교에서는 군신과 부자 등을 임시로 합한 것이라 하여 적멸의 가르침을 주장하니, 곧 이른바 '만법이 모두 공'이라는 것이 이것이다.

129) 불교는 거경의 공부는 있지만 궁리의 공부는 없다고 비판하였다. (知敬而不知集義 不幾於兀然無所爲者乎) 심론을 분석하는 중에 불교의 좌선입정을 이천은 올바른 방법이 아니라고 하였다. 이천이 좌선입정을 비판하는 이유는 바로 좌선입정을 하게 되면 내면으로만 파고들어 가게 되어 외면에 있는 이치를 무시하는 병이 생기기 때문이다.(佛氏求道 猶以管窺天 惟務上見而不燭四旁 是以事至則不能變: 불교에서 진리를 구하는 것은 대롱으로 하늘을 보는 것과 같다. 오직 위로만 보려고 하고 사방은 비추지 않는다. 그래서 일을 만나면 제대로 대처할 수 없게 된다)

다.130) 그래서 일상적인 일이 있을 때는 정좌 이외의 動的인 다른
방법이 필요하게 된다. 그 방법의 하나로 사람의 감각기관을 가지
고 자신을 깨어 있게 하는 방법이 있다. 사람의 감각기관은 외부
사물을 받아들이는 최초의 관문이다. 이 관문을 제어하지 않고 모
든 사물을 바로 통과시키면 사람의 마음은 외물에 의해 점령당한
다. 그래서 정좌를 통해서 내면의 마음을 직접 양성하는 것이 일
차적으로 중요하지만 항상 정좌만 하고 있을 수는 없다. 그래서
마음이 바깥 사물을 만날 때 나의 감각기관을 제어해서 내 마음이
외부 사물의 유혹에 넘어가지 않도록 해서 내면을 양성하는 것도
중요하다. 이천은 감각기관을 제어해서 내면을 양성하기 위한 방
법의 하나로 '四勿箴'을 제시하였다.

그 視箴에 말했다. "마음은 본래 텅 비어 있으니, 사물에 응하나
자취가 없다. 잡는 데에 요령이 있으니, 보는 것이 법칙이 된다. 앞
에서 서로 가리면 그 속이 옮겨가니 밖에서 제어하여 그 안을 편안
케 한다. 자기를 이겨 예로 돌아가면 오래 지나서 참되게 된다."

그 聽箴에 말했다. "사람이 떳떳함을 가진 것은 천성에 근본
한다. 앎이 유혹되어 사물에 변화되면 마침내 그 바름을 잃어버리
니, 우뚝한 저 선각자들은 머무를 곳을 알면 (나아갈 방향이) 징
혜짐이 있다. 사특함을 물리치고 진실 됨을 보존하여 예가 아니면
듣지를 않는다."

---

그 言箴에 말했다. "사람의 마음이 움직이는 것이 말로 인하여 베풀어진다. 발함에 조급하고 망령됨을 금하여 안이 이에 오롯이 고요하니, 하물며 이것이 樞機라서 군사도 일으키고 좋은 일도 나오니, 길흉과 영욕이 오직 그것이 부른 바이다. 너무 쉬우면 거짓되고 너무 번거로우면 지루하다. 자기가 방자하면 사물은 거스르며, 나감이 어긋나면 들어옴도 위배된다. 법이 아니면 말하지 않고, 교훈의 말씀을 흠모하라."

그 動箴에 말했다. "哲人은 기미를 알아 생각을 정성스럽게 하고 뜻있는 선비는 힘써 행한다. 일에서 이것을 지키니, 이치를 따르면 여유 있고 욕심을 따르면 위태롭다. 급박한 순간에도 능히 생각하며 이겨서 두려워하고 조심하여 스스로 붙잡아라. 習이 性과 더불어 이루어지면 성현과 같이 되리라."131)

이 네 가지는 보고 들을 때와 말하고 움직일 때로 나눌 수 있다. 즉 예가 아니거든 보지 말고 듣지 말라는 것은 밖에서 들어와서 내부를 움직이게 하는 것을 막는 것이요, 예가 아니거든 말하지 말고 움직이지 말라는 것은 내부에서 나와서 밖을 접하는 것을 삼가는 것이다.132) 그래서 보고 들을 때 간사한 소리와 어지러운

---

131) 『心經附註』, 卷4 "其視箴曰 心兮本虛 應物無迹 操之有要 視爲之則 蔽交於前 其中則遷 制之於外 以安其內 克己復禮 久而誠矣 其聽箴曰 人有秉彝 本乎天性 知誘物化 遂亡其正 卓彼先覺 知止有定 閑邪存誠 非禮勿聽 其言箴曰 人心之動 因言以宣 發禁躁妄 內斯静専 矧是 樞機 興戎出好 吉凶榮辱 惟其所召 傷易則誕 傷煩則支 己肆物忤 出悖來違 非法不道 欽哉訓辭 其動箴曰 哲人知幾 誠之於思 志士勵行 守之於爲 順理則裕 從欲惟危 造次克念 戰兢自持 習與性成 聖賢同歸".

132) 성백효 譯註, 『心經附註』 전통문화연구회, 2002, p.113 "且非禮而勿

색을 귀와 눈에 머물러 두지 않게 해서 내 마음을 기르고, 말하고
움직일 때 禮가 아닌 말과 행동을 하면 상대방이 무시하거나 공격
하므로 내 마음이 흔들리게 되는데 이런 과정이 일어나지 않게 하
려면, 내가 먼저 이치에 맞는 말과 행동을 하면 된다. 이렇게 하기
위해서는 내 마음이 항상 깨어 있어야 한다. 내 마음이 항상 깨어
있으면 말 한마디, 행동 하나에 주의를 기울이게 되어 상대방의
마음을 다치게 하는 일은 없을 것이다.

　이상을 종합해 보면 일이 있을 때는 감각기관이나 외모를 제어해
서 마음을 깨어 있게 하고, 일이 없을 때는 靜坐를 통해서 내 마음을
항상 깨어 있는 공부가 敬공부라는 것을 알 수 있다. 이러한 공부를
하면 나타나는 효과에 대해서 이천은 다음과 같이 말하고 있다.


　　사람의 마음은 반드시 머무를 곳이 있어야 한다. 머무를 곳이
　　없으면 사물에게 명령을 받는다. 사물에게 명령을 받으면 어디에
　　가더라도 망령되지 않음이 없다. 어떤 사람이 말하기를 "마음은
　　나에게 있는 것이다. 그런데 이미 망령됨으로 들어가 버렸다면 장
　　차 누가 그것(그의 행위)을 부리는가?"라고 하자 선생님이 답했
　　다. "(그런 경우라도) 마음이 실제로 그것을 부리게 된다."[133]


　사람의 마음은 머무를 곳이 있어야 하는데 마음이 머무를 곳에
머무르게 해주는 것이 바로 敬공부라는 것이다.[134] 마음이 머무를

---

　　視聽者 防其自外入而動於內者也 非禮而勿言動者 謹其自內出而接於
　　外者也".
133) 『二程粹言』, "子曰 人心必有所止, 無止則聽於物 惟物之聽 何所往而
　　不妄也 或曰 心在我 旣已入於妄矣 將誰使之 子曰 心實使之".

곳에 있게 되면, 즉 제자리를 잡고 있으면 사물에 명령을 받아 끌려 다니는 것이 아니고 내가 주체적으로 사물에게 명령을 내려 사물을 부릴 수 있게 되는 경지에 이르게 된다고 하였다. 그리고 그러한 상태는 마음에 나라는 의식이 없어진 상태라고 하였다. 마음에 나라는 의식이 없어진 그 경지를 이천은 아름다운 말과 아름다운 행위로 모든 것을 변하게 하는 것이라고 하였다.[135]

이렇게 마음을 머무르게 하는 공부가 敬工夫라면 그 다음에 할 것은 머무른 마음 위에 사물이 가지고 있는 내용물을 입력시키는 공부를 첨가해야 한다. 왜냐하면 아무리 마음이 머무를 곳에 머물러 있다 하더라도 대상물이 가지고 있는 고유의 이치를 모르면 그 대상물에 대해서 어떻게 대응할지 알 수 없기 때문이다. 그래서 대상물에 대해서 정확하게 대응하려면 대상물이 가지고 있는 이치를 연구해야 한다. 대상물의 이치를 연구하는 것이 곧 窮理이다.

이천에 있어서 사물의 이치를 궁구하는 格物致知 공부는 두 가지 전제 조건이 있다. 하나는 내 마음이 신령스러워 본래 완전한 앎을 가지고 있다는 것이고,[136] 둘은 천하의 모든 사물은 이치를 가지고 있다는 것이다.[137] 인간의 마음이 완전한 앎을 가지고 있는데 사물의 이치를 제대로 인식하지 못하는 이유는 사물이 가지고 있는 이치를 깊이 연구하지 못했기 때문이라고 한다. 그래서 사물이 가지고 있는 이치를 연구하기 위해서 마음의 기능을 활용

---

134)『二程粹言』卷上 "子曰 純於敬則己與理一 無可克者 無可復者".
135)『二程粹言』卷上 "子曰 自得而至於無我者 凡善言美行 無非所過之化也".
136)『遺書』卷11 "人心莫不有知 惟蔽于人欲則亡天德也".
137)『遺書』卷 "天下之物 莫不有理".

해야 한다.

이천은 "心의 기능 중에는 사물을 판단하고 분석하는 지적인 측면이 있다"고 한다. 바로 이 기능을 이용해서 내 마음을 완전히 善하게 하고 현실에서 실천력을 갖추기 위해서 바깥 외물이 가지고 있는 이치를 연구하는 것이 格物致知이다. 이천은 格物의 의미를 다음과 같이 서술하고 있다.

> 格은 연구하는 것과 같고 物은 이치(理)와 같다. 그 이치를 연구한다고 말하는 것과 같다. 이치를 연구한 뒤에 도달할 수 있지 연구하지 않으면 도달할 수 없다.[138]

> 格은 나아가는 것이니 할아버지가 와서 이른다고 할 때의 格과 같다.[139]

格을 이천은 '사물에 나아간다'라고 하고 物을 '이치'라고 하였다. 즉 사물에 나아가 사물의 이치를 연구하는 것이라고 할 수 있다. 그렇다면 사물에 있는 이치는 무엇인지 다음의 글에 잘 드러난다.

> 눈앞에 사물 아닌 것이 없고 모든 사물은 저마다 이치를 가지고 있다. 예를 들어 불이 뜨거운 까닭이나 물이 차가운 까닭에서부터 군신·부자 사이에까지 모두 이치가 있다.[140]

---

138) "格猶窮也 物猶理也 猶曰窮其理而已也 窮其理然後 足以致之 不窮則不能也"

139) "格 至也 如祖考來格之格".

140) 『遺書』 卷19. "凡眼前無非是物 物物皆有理 如火之所以熱 水之所以

이천은 자연과 人事에 모두 이치가 있다고 하였다. 그러나 이천이 주로 강조하는 이치는 人事의 이치이다. 구체적인 예로 군신 사이에는 義와 忠이 있고 부자 사이에는 慈와 孝가 있다. 이러한 인사의 이치를 통합하는 것을 仁이라고 한다. 이천은 仁에 대해 다음과 같이 말한다.

> 仁은 천하의 바른 이치니 바른 이치를 잃어버리면 차례가 없고 조화롭지 못하다.[141]

仁은 한마디로 정의하기가 쉽지 않지만 다른 사람을 내 몸과 같이 사랑하는 것이라고 정의할 수 있다. 그래서 이러한 仁의 모습을 사람과의 관계 속에서 확인하고 이것을 나도 본받아 내 자신을 변화시켜 나가는 것이다. 조금 더 설명하면 孝·恕 등의 개념도 이치가 될 수 있다. 이와 같이 이치를 연구하여 마음속에 본래부터 있는 知를 완전하게 완성하는 것이 格物致知의 공부이다. 그렇다면 이치를 궁구하는 방법에 대해서 알아보자.

> 하나의 사물에는 하나의 이치가 있으니 반드시 그 이치를 궁구하여 잘 알아내야 한다. 궁리하는 데는 여러 방법이 있다. 독서를 통해 의리를 분명히 말하거나 고금의 인물을 논하면서 그 옳고 그름을 가려내는 방법, 또는 사물과 접촉하여 그 마땅한 바를 결정하는 방법도 있다. 이 모두가 궁리이다.[142]

---

寒 至於君臣夫子間皆是理".
141) 『論語集註』, "程子曰 仁者 天下之正理 失正理 則無序而不和".

궁리하는 방법으로 크게 세 가지를 들고 있다. 첫째, 독서를 통해 의리를 분명히 말하는 것이다. 이천은 이것을 다음과 같이 말하고 있다.

> 책을 읽는 것은 장차 이치를 연구하기 위해서이고 장차 사용하기 위해서이다. 지금 혹 마음을 글자풀이에만 두면 사용될 곳이 없으니 이것이 배우는 사람의 큰 근심거리이다.[143)]

책을 읽는 목적은 책에 있는 이치를 내 것으로 만드는 것이다. 그런데 책 속의 이치가 내 것이 되지 않는 이유는 책 읽기의 태도에 달려 있다. 위 글에 나오듯이 글자풀이에만 신경 쓰고 왜 이런 의미를 가지게 되었는지, 이치의 연구에 뜻을 두지 않으면 아무런 소용이 없게 된다. 즉 독서를 하되 마음을 집중하여 책 속으로 파고들지 않으면 이치에 다가갈 수 없다는 것이다. 이천은 이를 다음과 같이 표현한다.

> 격물(格物)은 진리에 나아가는 시작이다. 격물(格物)하는 원인을 생각하면 진리에 가까워진다고 하는데 무슨 뜻인가? 마음을 수렴하여 분산되지 않게 하는 것이다.[144)]

---

142) 『遺書』 卷18 "凡一物上有一理 須是窮致其理 窮理亦多端 或讀書講明義理 或論古今人物 別其是非 或應接事物而處其當 皆窮理也".

143) 『二程粹言』, "了曰 讀書將以窮理將以致用也 今或滯心於章句之末則無所用也 此學者之大患".

144) 『二程粹言』, "格物過道之始 思所以格物而已近道矣 是何也 以收其心而不放也".

격물하는 데 기본적으로 필요한 것이 마음을 수렴하여 분산되지 않게 하는 것이다. 글자풀이만 하게 되면 마음이 분산되어 마음의 體인 性을 알 수 없게 된다. 그래서 격물을 하면서 계속 마음을 하나로 모으는 작업이 필요하게 되는 것이다. 가령 仁에 대해서 알고 싶으면 仁에 관련된 책을 계속 읽으면서 마음을 다른 곳으로 분산되게 하지 말고 仁이란 무엇인가? 골똘하게 생각하는 것이라고 할 수 있을 것이다.

둘째, 역사공부와 사물의 실상을 살피는 것이다. 역사를 공부하게 되면 흥하고 망한 국가와 인물들을 간접적으로 접할 수 있다. 여기에서 어떤 국가가 흥하고 망했는지 어떤 인물이 흥했다가 망했는지 관찰할 수 있다. 이 관찰을 통해서 仁의 정치를 실현한 나라는 흥했고 힘을 사용한 나라는 망했다는 것을 알 수 있다. 임금 한 개인의 마음가짐이 국가의 흥망을 좌우한다는 것을 통해서 역사공부를 통한 이치연구가 얼마나 소중한지 잘 알 수 있다.

셋째, 옛날 성인들이 이루어 놓은 업적을 통해서 전체의 이익을 위해서 자신의 욕심을 버린 내용을 알아 자기가 가지고 있는 욕심을 제거하는 것이다.

결국 이치를 연구한다는 것은 새로운 지식을 확장하는 측면과 확장된 지식을 통해서 그 안에 담고 있는 이치를 내 것으로 만듦으로써 내 마음을 義에 확실하게 뿌리내릴 수 있는 토대를 확보하는 것이다.145)

---

145) 『二程粹言』卷上 "或問 學必窮理 物散萬殊 何由而盡窮其理 子曰 誦詩書 考古今 察物情 揆人事 反覆研究而思索之 求止於至善 蓋非一端而已也".

이제 두 가지 공부의 관계를 이천은 다음과 같이 서술하고 있다.

　진리에 들어가는 데 敬만 한 것이 없다. 앎을 다 이루었는데 敬에 있지 않는 사람은 없었다. 사람으로 하여금 마음을 붙잡게 하였는데 안정되지 못하니 마음 보기를 원수같이 여겨서 제어할 수 없었다. 일이 마음을 잘못되게 하는 것이 아니라 마음이 일을 잘못되게 하는 것이니 마땅히 천하에 한 물건이라도 조금이라도 얻었으면 惡 아닌 것이 없음을 알아야 한다.146)

이천은 진리를 얻기 위해서는 먼저 敬을 해야 된다고 한다. 그 근거로 일이 마음을 잘못되게 하는 것이 아니라 마음이 일을 잘못되게 하는 것이니 먼저 마음을 다스리는 것이 중요하다고 했다. 위 글만 보면 敬공부가 먼저이고 窮理공부는 나중인 것 같다. 그러나 다른 곳에서는 다르게 서술하고 있다.

　문: "학자가 성인의 문하에서 다름이 있기를 원하는 것은 아닙니다. 오직 알지 못했기 때문에 다른 곳으로 가버린 것입니다. 올바름을 지키는 방법에 대해서 질문합니다." 답: "알고 난 뒤에 지킬 수 있다. 아는 것이 없으니 어떻게 지키겠는가? 그러므로 배움은 앎을 이루는 것이 가장 먼저다. 사물에 나아가 이치를 궁구하니 앎이 다하지 아니함이 없고, 앎을 다 하니 지키는 것이 견고하지 않은 것이 없다."147)

---

146) 『性理大全』 卷5 p.2911-2912 "入道莫如敬 未有能致知而不在敬者 令人操心不定 視心如寇賊而不可制 不是事累心 乃是心累事 當知天下無一物足以少得者不可惡也".

147) 『性理大全』 卷5 pp.3002-3003 "問學者於聖人之門 非願其有異也 惟其

112

위 글을 보면 앎을 먼저 이루어야 지키는 것이 견고해진다고 강조하고 있다. 즉 居敬과 窮理 중에서 窮理工夫가 먼저라고 주장하고 있는 것이다. 위와 같이 이천은 상반된 주장을 하고 있는 것처럼 보이는데 그 의도는 무엇일까? 그것은 두 공부가 모두 중요하기 때문이다. 둘 중 어느 하나의 공부를 제외시키면 진리를 인식할 수 없기 때문이다. 그래서 이천은 다음과 같이 말하고 있다.

> 힘써 행할 때는 먼저 모름지기 알아야 한다. 행하는 것도 어렵고 아는 것도 또한 어렵다.[148]

둘 중 어느 것도 쉽게 얻어지는 공부가 아니기 때문에 둘 다 모두 신경을 기울여서 공부할 수밖에 없다. 예를 들어 서울을 가고자 하면 먼저 가는 길을 알아야 하지만 안다고 끝이 아니고 실제로 서울까지 가는 것이 중요하다. 그래서 가는 길도 알아야 되고 가는 도중에 포기하는 경우도 있으니까 의지를 강력하게 하는 노력도 중요하다. 그래서 두 공부방법은 우리가 걸어갈 때 두 발을 사용해서 앞서거니 뒤서거니 하면서 걸어갈 때 목적지에 도착하는 것처럼, 두 가지 방법으로 서로 도우면서 공부를 할 때 진리를 인식할 수 있다는 것을 알 수 있다.

---

不能知之 是以流於不同 敢問持正之道 曰知之而後可守 無所知則何所守也 故學莫先乎致知 窮理格物則知無不盡 知之旣盡則守無不固".
148) 『性理大全』 卷5 p.3001 "力行先須要知 非特行難 知亦難也".

# Ⅲ. 朱子의 主靜持敬論

## 1. 主靜持敬論의 理論的 背景

### 1) 人性論과 敬

朱子는 공부하는 방법에 대해 "만약 지금 공부에 착수하고자 하다면 또한 모름지기 단정하고 엄숙히 손양하여 홀로 밝고 딩 빈 근원을 보아야 하는 것이요, 모름지기 종이 위의 말에 천착하는 헛된 공부를 할 필요가 없다. 존양하여 마음이 밝고 분명하게 통달하여 허다한 막힘과 장애가 없어짐을 스스로 느끼기를 기다려 이러한 때에 바야흐로 문자를 취해 본다면 저절로 의미가 있어 도리가 투철해지고 일을 만날 때에는 저절로 대나무가 칼날을 만나 쪼개지듯이 이해되어 모두 허다한 병통이 없어질 것이다[149]"라고 하였다.

朱子는 공부하는 처음에 먼저 엄숙히 존양하여 밝고 텅 빈 근원을 보아야 하지, 종이 위의 말에 천착하는 공부를 해서는 안 된다

---

[149] 『心經附註』 卷3 "如今要下工夫 且須端莊存養 獨觀昭曠之原 不須枉費工夫 鑽紙上語 待存養得此中 昭明洞達 自覺無許多窒礙 恁時方取文字來看 則自然有意味 道理自然透徹 遇事時 自然迎刀而解 皆無許多病痛".

고 한다. 그래서 주자에게 있어서 우선 중요한 것은 엄숙히 존양해서 밝고 텅 빈 근원을 보는 것이다. 여기서 엄숙히 존양한 결과, 밝고 텅 빈 근원을 볼 수 있는 기회가 주어진 것이다. 엄숙히 존양한다는 것은 다른 곳에 신경을 기울이지 않고 오로지 자신의 마음을 향해서 집중하는 것이다. 마음에 집중하는 처음에는 어디에서부터 시작해야 할지 잘 몰라서 어려움을 겪지만 오랫동안 습관처럼 하다 보면 마음의 실체를 붙잡게 된다. 이 마음의 실체를 주자는 텅 빈 근원이라고 표현한 것이다. 텅 비어 있는 것 같지만 그러나 모든 작용은 텅 비어 있기 때문에 무한하게 작용할 수 있는 것이다. 朱子는 '아무런 모양이나 흔적은 없지만 모든 작용의 원천을 사람에 있어서는 性이고 사물에 있어서는 理'라 했다.

경공부는 사람의 마음과 관계가 있으므로 텅 빈 근원을 본다는 것은 결국 사람의 내면에 있는 性을 체득하는 것이라고 할 수 있다. 그래서 이 性을 분석하면 性을 체득하는 것이 어떤 것을 의미하는지 알 수 있을 것이다. 주자는 性을 두 가지로 나눈다. 하나는 天命之性이고, 또 하나는 氣質之性이다. 이에 대해서 朱子 이전에 張載가 먼저 서술하고 있다.

형체가 형성된 이후에 氣質之性이 있게 되니, 잘 돌이키면 天地之性이 보존된다. 그러므로 군자는 氣質之性을 性이라고 여기지 않는다. 사람이 강하고·부드럽고, 재주가 있고 없는 것은 氣의 치우침 때문이다.[150]

---

150) 『張載集』, 「正蒙·誠明篇」, "形而後有氣質之性 善反之則天地之性存焉 故 氣質之性 君子有弗性者焉 人之剛柔 緩急 有才與不才 氣之偏也".

장재는 형체가 형성된 이후에 氣質之性이 있으니, 이 기질지성을 잘 돌이키면 天地之性이 보존된다고 하였다. 그러므로 군자는 氣質之性을 性이라고 여기지 않는다고 한다. 그 이유는 기질지성은 강하고 부드럽고 재주가 있고 없고의 차이가 있고 천지지성은 이런 차별이 없는 순수한 善이기 때문이다. 이러한 순수한 善인 천지지성이 차별이 있는 기질 속에 들어가 기질지성을 형성한다. 그러므로 기질지성은 기질 속에 천지지성이 들어 있는 모양이다. 이것을 주자는 등잔에 비유하고 있다. 등잔은 안에 등불이 있고 겉은 종이로 둘러싸여 있다. 둘러싼 종이의 두께에 따라 등불이 밝게 비지기도 하고 희미하게 비치기도 하는 것이다. 등불은 항상 꺼진 적이 없는데 밝고 어둡게 달리 보이는 것은 결국 등불의 문제가 아니고 종이의 문제였던 것이다. 사람의 본성도 마찬가지다. 밝은 천지지성은 항상 똑같이 빛나고 있지만 이를 둘러싸고 있는 기질의 차이에 따라 밝기가 다른 것이다. 결국 본래 가지고 있었던 천지지성을 다시 회복하기 위해서는 기질을 변화시키면 된다는 것을 알 수 있다. 그래서 장재는 위 글에서 그 氣를 수양하여 근본으로 돌아가라고 한 것이다. 그러면 천지지성이 된다고 하였다. 朱子는 이 둘의 관계를 다음과 같이 서술하고 있다.

천명의 성은 기질이 없다면 놓일 자리가 없다. 한 움큼의 물이 있더라도 담을 그릇이 없다면 물이 어디에 귀착하겠는가? 정자는 성을 논하고 기를 논하지 않으면 갖추지 못했고, 기를 논하고 성을 논하지 않으면 밝지 못하며, 둘로 보면 옳지 않다고 말함으로써 천고의 성현들이 다하지 못한 뜻을 드러내 밝혔으니 공이 매우 크다.[151]

116

天命之性은 기질이 없다면 놓일 자리가 없다고 한다. 이것은 기질 속에 천명지성이 들어 있다는 것이다. 결국 둘은 분리가 되지 않는 관계이다. 그러나 하나라고 말하기도 어렵다. 기질의 차이가 있기 때문이다. 하나라고 말할 경우는 기질을 변화시켜 천지지성이 완전히 바로 발현되는 순간에서야 비로소 하나라고 말할 수 있다. 그래서 주자는 정이천의 '性을 논하고 氣를 논하지 않으면 갖추지 못했고, 氣를 논하고, 性을 논하지 않으면 밝지 못하다'는 것을 최고의 공으로 묘사하고 있다. 惡으로 흐를 가능성을 내포하고 있는 氣質을 변화시켜 天地之性으로 돌아가는 공부가 다름 아닌 敬공부이다. 그럼으로 경공부를 제대로 하기 위해서는 氣質之性의 의미에 대해서 살펴볼 필요가 있다. 朱子는 氣質之性에 대해서 구체적으로 물과 그릇을 가지고 비유하고 있다.

선생님께서 기질 속의 본성에 대하여 거론하시면서 말씀하셨다. "본성을 물에 비유하면 근본은 모두 맑다. 깨끗한 그릇에 담으면 맑지만 깨끗하지 않은 그릇에 담으면 냄새가 나고, 더러운 그릇에 담으면 흐리다. 본연의 맑음은 일찍이 그렇지 않은 적이 없다. 그러나 이미 냄새가 나거나 흐려지면 갑자기 깨끗해지기는 어렵다. 따라서 비록 어리석은 사람이라도 반드시 총명해질 수 있으며 비록 나약한 사람이라도 반드시 강해질 수 있다는 것은 역시 기력을 한껏 발휘한 뒤에나 가능하다."[152]

---

151) 『朱子語類』 卷4 "天命之性 若無氣質 卻無安頓處 且如一勺水 非有物盛之 則水無歸著 程子云論性不論氣 不備 論氣不論性 不明 二之則不是 所以發明千古聖賢未盡之意 甚爲有功".
152) 『朱子語類』 卷4 "先生言氣質之性曰 性譬之水 本皆淸也 以淨器盛之

朱子는 氣質之性을 물이 그릇에 담겨 있는 형상에 비유하고 있다. 물은 본래 맑지만 어떤 그릇에 담느냐에 따라 물의 맑기가 달라진다는 것이다. 천지지성은 본래 맑지만 천지지성이 어떤 氣質에 들어가느냐에 따라서 기질지성이 맑을 수도 있고 흐릴 수도 있는 것이다. 그래서 이미 어리석은 기질이나 나약한 기질에 들어간 천지지성은 총명하고 강한 기질로 변화시킬 수는 있지만 기력을 힘껏 사용한 뒤에 변화가 가능하다고 하였다. 그러니까 本性은 결과적으로 변화가 없는 것이지만 本性을 둘러싸고 있는 氣質이 문제다. 위에서도 그 기질을 朱子는 어리석음·총명함·나약함·강함 등으로 묘사하고 있다. 어리석은 기질에서 총명한 기질로, 나약한 기질에서 강한 기질로 변화시키는 것이 바로 주자의 敬工夫이다.

## 2) 心性論과 敬

朱子 敬공부의 주체는 心이다.[153] 그래서 敬공부를 바로 하기 위해서는 心이 무엇인지 그 구조와 기능에 대해서 알고 있어야 한다. 朱子는 心을 다음과 같이 정의하고 있다.

---

則淸 以不淨之器盛之 則臭 以汚泥之器盛之 則濁 本然之淸 未嘗不在 但旣臭濁 猝難得便淸 故雖愚必明 雖柔必强 也煞用氣力 然後能至".

153) 『性理大全』 卷5 p.2924 "人之爲學 千頭萬緖 豈可無本領 此程先生所以有持敬之語 只是提撕此心 敎他光明則於事無不見 久之自然剛健有力".

텅 비어 신령스러운 것이 心의 본체이니 내가 텅 빌 수 있는 것이 아니다. 귀와 눈은 보고 듣는 것이고 보고 듣게 하는 근거가 마음이니 어찌 모양이 있겠는가? 그러나 귀와 눈을 가지고 보고 들으니 모양이 있는 것 같다. 마음은 텅 비어 신령스러운데 어찌 물이 있겠는가?154)

주자에 따르면 心의 本體는 텅 비어 신령스러운 것이고, 모양을 갖고 있지 않으며, 보고 듣는 것의 근거가 되는 것이라고 한다. 이 것이 性이고 이 性이 사물을 만나면 감각기관(기질)을 통해서 보 고 듣는 작용을 한다. 사람마다 보고 듣는 작용을 모두 하지만 정 도의 차이가 있는 것은 이 감각기관이 모두 다르기 때문이다. 그 러므로 心은 형체를 갖고 있지 않은 부분과 구체적인 감정을 가진 부분으로 구성되어 있다고 할 수 있다. 이러한 능력을 가지고 있 는 心이 구체적으로 어떠한 역할을 하는지 알아보자. 주자는 마음 의 역할을 "주재하는 것을 말한다. 움직임과 고요함을 모두 주재 하는 것이다. 고요한 때에 마음을 사용하지 않다가, 움직일 때에 바야흐로 주재하는 것이 아니다. 주재한다는 의미는 혼연히 충만 하여 스스로 그 가운데 있는 것이다."155)라고 하였다.

마음은 고요할 때도 작용하고 움직일 때에도 작용하는 것으로

---

154) 『朱子語類』卷5 "虛靈自是心之本體 非我所能虛也 耳目之視聽 所以 視聽者卽其心也 豈有形象 然有耳目以視聽之 則猶有形象也 若心之虛 靈 何嘗有物!".

155) 『朱子語類』卷5 "心 主宰之謂也 動靜皆主宰 非是靜時無所用 及至動 時方有主宰也 言主宰 則混然體統自在其中 心統攝性情 非儱侗與性情 爲一物而不分別也".

묘사하고 있다. 그렇다면 고요할 때 작용하는 것과 움직일 때 작용하는 것의 관계는 어떤 것인가? 주자는 이를 두 가지 면으로 나누어 말한다.

마음의 온전한 모습은 텅 비고 맑아서 온갖 이치가 갖추어져 있고, 조금의 욕심이라도 없으며 그것이 유행하면 두루 지나서 동정을 관통하고 그 묘한 쓰임은 있지 않은 곳이 없다. 그러므로 그것이 아직 드러나지 않아서 온전한 전체를 가리키면 性이라 하고, 그것이 이미 드러나서 묘하게 사용되는 것을 일러 情이라 한다.[156)]

마음은 두 가지 측면을 가지고 있다. 하나는 아직 드러나지 않은 측면인 性과 또 하나는 이미 드러난 情의 측면이다. 이 둘을 주재하는 것이 心이다. 心이 주재하는 性과 情에 대해서 알아보자. 주자는 이를 體用으로 표현하고 있다. 그렇다면 體用관계란 무엇인가? 중국 철학사적으로 볼 때 본격적인 체용론은 왕필(226-249)에서 유래하여, 중국 불교의 일관된 전통으로 이어지고 승조(384-414), 법장(673-712), 화엄학파의 理와 事 관계 및 육조 혜능(638-713)의 『단경』에서는 삼매와 지혜, 등잔과 불빛이 하나이면서 둘이고, 둘이면서 하나인 관계로 전형화 되었다. 송대 신유가의 체용론은 이일분수에서 전형적으로 나타나는데, 그 맹아는 장재에게서 나타나고, 정이가 결정적인 해명을 했으며, 주희가 완성했다고 일반적으로 평가된

---

156) 『朱子語類』 卷5 "心之全體湛然虛明 萬理具足 無一毫私欲之間 其流行該遍 貫乎動靜 而妙用又無不在焉 故以其未發而全體者言之 則性也, 以其已發而妙用者言之 則情也".

다. 주희의 체용론은 광범위하게 응용되어 다음과 같은 관계로 나타
났다. ㉠ 사물 자체와 그 작용, ㉡ 원천과 그 흐름, ㉢ 심의 두 과정
(未發과 已發), ㉣ 근거로서의 體와 그 현상으로서의 用.157)

性·情을 이와 같이 체용 관계로 파악한 주자는 "性은 심의 理
이고 情은 性의 움직임이다."158)라고 말한다. 주자는 性과 情의
관계를 구체적으로 물에 비유하고 있다.

　　마음은 관섭하고 주재하는 것이니 이것이 마음이 위대한 이유
　이다. 마음은 비유하면 물이고 性은 물의 이치이다. 性은 물의 고
　요함을 세우고, 情은 물의 움직임을 행하게 하는 것이다. 욕심은
　물이 흘러서 넘치는 것이다. 才는 물의 기운으로 흐를 수 있게 하
　는 것이다. 그러나 그 흐름에 급한 것도 있고, 느린 것도 있는 것
　은 才가 같지 않기 때문이다.159)

마음은 물에 性은 물의 본원에 비유하고 있다. 여기서 우리가
주목할 것은 욕심을 물이 흘러서 넘치는 것에 비유하고 있다는 것
이다. 이 흘러서 넘치는 것이 바로 惡으로 연결된다. 그래서 惡으
로 흘러가는 것을 방지하는 것이 바로 天理를 보존하는 것이고 이
를 행하기 위해서는 마음이 흘러가는 것을 정신 차리고 지켜보아

---

157) 임헌규, 『유가의 심성론과 현대 심리철학』, 철학과 현실사, 2001,
　　　p.251.
158) 『朱子語類』 卷5 "性者 心之理 情者 性之動 心者 性情之主".
159) 『朱子語類』 卷5 "心是管攝主宰者 此心之所以爲大也 心譬水也 ; 性
　　　水之理也 性所以立乎水之靜 情所以行乎水之動 欲則水之流而至於濫
　　　也 才者 水之氣力所以能流者 然其流有急有緩 則是才之不同".

야 한다. 이것이 敬에 거처하는 것이다. 그렇다면 물의 본원에 비유되는 性은 무엇이며 마음과 어떤 관계를 맺고 있는가? 주자는 性을 다음과 같이 말하고 있다.

性은 실제의 이치인데 인자함·의로움·예의바름·지혜로움이 모두 갖추어져 있다.[160]

주자에 있어 性은 실제의 이치다. 이치의 내용으로 仁·義·禮·智를 말하고 있다. 그러나 본성이 실제의 이치라고 해도 바로 본성을 확인할 수 있는 것은 아니다. 주자는 매개를 통해서 확인할 수 있다고 한다.

물었다: 가슴아파하고 부끄러워하고 싫어하며 기뻐하고 노여워하고 슬퍼하고 즐거워하는 것은 진실로 마음이 드러난 것이니 분명하고 쉽게 볼 수 있는 것입니다. 가슴아파하고 부끄러워하고 싫어하며 기뻐하고 노여워하고 슬퍼하고 즐거워하기 이전은 곧 적막하여 고요한 때이지만 그렇다고 어찌 넝그렇게 말라비린 나무와 같겠습니까![161]

우리가 분명하게 볼 수 있는 것은 가슴아파하고 부끄러워하고 싫어하며 기뻐하고 노여워하고 슬퍼하고 즐거워하는 능의 마음이 드러난 것인데 이 마음이 드러나기 이전의 상황을 주자는 적막하

---

160) 『朱子語類』 卷5 "性是實理 仁義禮智皆具".
161) 『朱子語類』 卷5 "問 惻隱羞惡喜怒哀樂 固是心之發 曉然易見處 如未惻隱羞惡喜怒哀樂之前 便是寂然而靜時 然豈得塊然槁木".

여 고요한 때이지만 죽은 것이 아니고 살아 있는 것이라고 하고 있다. 살아 있는 그것이 활동하기 때문에 우리의 마음도 살아 있고 그래서 우리는 마음을 분명하게 확인할 수 있는 것이다. 주자는 살아 있는 무엇을 기운 속에 본디 영명한 어떤 것이 있다[162]고 하였다. 바로 기운의 움직임을 주재하는 그것을 性이라고 하는 것이다. 위와 같이 마음과 성은 서로 분리되어 있는 것은 아니다. 마음의 움직임 속에서 본성을 확인할 수 있는 것이다. 그런데 확인이 안 되는 것은 무슨 이유 때문일까! 朱子는 깨어 있지 않기 때문이라고 한다.[163] 그래서 깨어 있는 공부가 중요한 것이다.


## 2. 本心의 保存을 위한 主靜


이제 마음을 깨어 있게 하는 공부방법론에 대해서 서술해 보자. 이 부분은 크게 둘로 나누어 서술하였다. 하나는 靜坐이고, 또 하나는 持敬이다. 靜坐는 마음이 대상 사물과 만나기 전에 일이 없을 때 마음을 수렴하는 수양방법이다. 다음으로 持敬은 마음이 대상 사물과 만나서 인식활동이 일어날 때 마음을 수렴하는 방법이다. 마음의 인식활동이 일어날 때 만약 靜의 상태에서 함양이 되지 않았다면 마음은 이치를 따라가지 않고 바깥 사물의 모양이나

---

162) 『朱子語類』 卷5 "氣之所運 必有以主之者 曰 氣中自有箇靈底物事".
163) 『朱子語類』 卷5 "若形體之行動 心都不知 便是心不在 行動都沒理會 了 說甚未發! 未發不是漠然全不省 亦常醒在這裏 不恁地困".

이름을 따라가 버린다. 그리고 인식활동이 일어날 때 역시 마음은 한곳에 집중해 있어야 한다. 이것을 持敬이라 하고 크게 두 가지로 나누었다. 하나는 바깥을 단속함으로써 내면을 함양하는 整齊嚴肅이고, 또 하나는 하나의 대상에 집중해서 마음을 함양하는 주일무적이 있다. 먼저 靜坐에 대해서 살펴보자.

### 1) 靜 坐

주자는 일이 없을 때에도 마음을 깨어 있게 하여 게으름이 없는 것을 敬이라고 했고 또 일과 마주하여 주고받을 때 역시 어지럽지 않는 것도 敬이라고 했다.164) 우선 일이 없을 때 어떤 방법으로 마음을 깨어 있게 하는가? 그 방법의 하나로 주자는 靜坐를 제시하고 있다. 일이 없는 경우는 사람의 마음이 사물과 접하여 감정으로 드러나기 이전에 아직 마음의 지각과 사려가 일어나지 않은 상태를 말한다. 이럴 경우에 보통 사람은 마음이 산만하게 되는 경우가 많다. 그래서 마음이 산만하게 분산되지 않도록 하는 것이 靜坐이다. 정좌를 실행함으로써 敬의 상태에 도달하게 된다. 주자는 靜坐의 방법과 효용을 다음과 같이 언급하고 있다.

　　처음 공부할 때에는 반드시 고요하게 앉아 있어야 한다. 고요
　하게 앉아 있으면 근본이 안정되니 비록 외물을 좇는 것을 피할

---

164) 『性理大全』 卷5 pp.2933-2934 "大方其無事而存主不懈者 固敬也, 及其應物而酬酢的不亂者 亦敬也".

124

수는 없더라도 다시 내면으로 거두어들이면 여전히 편안히 머무를 수 있다. 비유컨대 집에 머무르는 데 익숙해지면 외출했다가 집에 돌아왔을 때 곧 편안하다. 정처 없이 밖에 머물면서 전혀 공부하지 않으면 내면으로 거두어들이려고 하더라도 효과를 얻을 수 없다.[165]

주자는 學者가 처음 공부할 때 고요하게 앉아 있으라고 한다. 그 이유는 고요하게 앉으면 근본을 안정시켜 준다는 것이다. 그러나 고요하게 앉아도 외물을 좇아가는 병통은 피할 수는 없지만 그래도 마음은 편안히 머물 수 있다고 한다. 이것을 보면 고요하게 앉아 근본이 안정되어도 외물을 따라가는 병을 없애기 위해서는 다른 조치가 있어야 한다는 것을 알 수 있다. 다시 말하면 靜坐를 통해서 모든 공부가 다 끝나는 것은 아니라는 것이다. 마음이 외물을 따라가는 병은 정좌를 통해서 어느 정도 붙잡을 수 있지만 마음을 붙잡았을지라도 다시 외물을 만나면 또 마음은 따라간다. 돌로 잡초를 눌러 놓아도 잡초가 완전히 죽은 것은 아니다. 틈만 나면 돌을 뒤집고 위로 올라오는 것이 잡초의 본성이다.

우리의 마음도 비슷하다. 돌을 가지고 잡초를 눌러서 잡초가 올라오지 못하도록 조치를 취하는 것처럼 우리의 마음도 함부로 행위 하지 못하도록 어떤 조치를 취해야 한다. 그렇게 하기 위해서 靜坐공부는 상당히 제한적이다. 왜냐하면 언제 어디서나 할 수 있

---

165) 『朱子語類』卷12 "始學工夫 須是靜坐 靜坐則本原定 雖不免逐物 及收歸來 也有箇安頓處 譬如人居家熟了 便是出外 到家便安 如茫茫在外 不曾下工夫 便要收斂向裏面 也無箇著落處".

는 공부가 아니기 때문이다. 그래서 정좌 외에 언제 어디서나 할
수 있는 공부방법이 필요하다. 이것이 敬이다. 정좌를 통해서 마음
이 수렴되어 안정이 되면 언제나 이 안정된 마음, 즉 깨어 있는
마음을 가지고 사물과 접촉할 수 있게 된다. 그래서 깨어 있는 마
음을 가지고 사물과 접촉하는 것도 중요하지만 敬의 상태가 되도
록 만들어주는 靜坐도 중요한 것이다.

靜坐는 기본적으로 조용히 앉는 것이다. 그런데 조용히 앉아 있
게 되면 자신도 모르게 잠이 오거나 잡된 생각이 마음을 깨어 있지
못하게 만든다.[166] 이 상태가 되지 않기 위해서 동원된 방법이 고
요히 앉아서 하나에 집중하는 것이다. 하나에 집중하게 되면 다른
잡념들이 마음속을 비집고 들어오지 못하게 된다. 그래서 그 결과
마음은 항상 한자리에 있게 되어 깨어 있게 된다. 이렇게 깨어 있는
상태가 다름 아닌 敬이다. 그러니까 靜坐를 하면 처음에는 잡념이
마음을 어지럽게 하지만 오랫동안 하나에 집중하여 단련이 되어 습
관처럼 되면 밖으로 분산된 마음을 수렴[167]할 수 있게 된다. 주자
에게 정좌를 가르쳐준 사람은 이언평이다. 이연평이 정좌를 어떻게
접하게 되었는지 그 과정을 다음의 글에서 볼 수 있다.

나는 이전에 羅豫章 선생을 따라서 학문했는데 終日 서로 마주
대하여 靜坐하고, 단지 文字를 이야기할 뿐, 하나도 雜語에 미치
는 것은 없었다. 선생은 매우 정좌를 좋아했는데 나는 그때 충분
히 알지 못했지만, 선생의 잎을 물리기서 방에 들어가서도 단지

---

166) 『心經附註』 卷3 "司馬子微作坐忘論 是所謂坐馳也".
167) 『朱子語類』 卷12 "又云 須是靜坐 方能收斂".

정좌할 뿐이었다. 선생은 靜中에 희로애락이 아직 발하지 아니한 그것을 中이라고 하는, 그 未發의 때는 어떠한 氣象인가를 잘 보도록 가르치셨다.[168]

李延平(1093-1163)은 자신의 스승 나예장을 통해서 정좌를 배우게 되었다. 그 방법은 고요한 가운데 희로애락이 아직 발하지 않은 그것을 中이라고 하는 그 未發의 기상을 잘 보도록 하는 것이었다. 여기서 우리는 고요한 가운데 희로애락이 아직 발하지 않은 中의 그 기상을 살피라고 말하는 것의 의미를 잘 살펴보아야 한다.

고요하게 앉으면 처음에는 잡념이 일어나서 아무런 잡념이 없는 中의 상태를 체험할 수 없다. 그러나 오래도록 하나에 집중하여 습관처럼 정좌공부를 하다 보면 아무런 잡념이 없는 中의 상태를 체험하게 된다. 물론 이 中의 상태는 물건처럼 어떤 모양을 가지고 있는 것은 아니다. 그래서 그 상태가 어떠한 기상인지 잘 보아서 기르도록 했지 그 상태를 구하라고 한 것은 아닌 것이다.[169]

168) 『延平答問』, "某曩時 從羅先生學問 終日相對靜坐只說文字 未嘗及一雜語 先生極好靜坐 某時未有知 退入室中 亦只靜坐而已. 先生令靜中 看喜怒哀樂未發之謂中 未發時作何氣象".

169) 『心經附註』 卷1 "朱子曰 未發之前 不可尋覓 已覺之後 不容安排 但平日莊敬涵養之功 至 而無人欲之私以亂之 則其未發也 鏡明止水 而其發也 無不中節矣 此是日用本領工夫"(주자는 이 경지를 "未發의 전에 찾아서도 안 되고 已發의 뒤에 安排해서도 안 된다. 다만 평소 莊敬하고 涵養하는 공부가 지극해서 人欲의 私로써 어지럽힘이 없으면 未發의 때에 거울처럼 밝고 물처럼 잔잔하여 발할 적에 절도에 맞지 않음이 없을 것이니 이것이 일상생활에 있어 本領의 공부이다."라고 했다.)
일찍이 나종언, 여조겸, 여대림 등은 未發時의 中을 구하고자 하는 자기는 체험할 수는 있지만 남에게 구체적으로 보여줄 수 있는 것은 아니기 때문이다. 이렇게 자기 내면에서 그 中의 상태를 체험하게 되면 체험하기 이전에는 외부 사물과 만나면 사물의 모양이나 이름을 따라가기에 급급해서 자신의 내면은 텅 비게 된다. 그러면 그 빈 틈새를 비집고 온갖 잡념들이 들어와 나의 마음을 가득 채우게 된다. 그러나 중의 상태를 체험하게 되면 이제는 마음 속에 주인이 자리를 잡고 있어서 사물을 만나면 사물을 따라가는 것이 아니고, 내가 주도권을 가지고 있기 때문에 사물에 의해서 조절당하는 경우는 없어지고 내가 사물을 명령할 수 있는 위치에 있게 된다.

그런데 주자는 스승의 희로애락이 아직 발하지 않은 그 中을 잘 살펴보라는 말을 체험하기 전에 스승의 죽음을 맞이하게 된다. 그 후로는 이 공부방법을 주목하지 않다가 나중에 張南軒(1132-1180)과 교류하면서 장남헌의 공부방법의 문제를 극복하는 과정에서 옛 스승의 교훈을 되새겨 스승의 공부방법을 다시 일깨우게 된다.

장남헌의 공부방법은 '先察識·後涵養'이다. 이 사상은 그의 스승 호오봉의 영향하에 이루어진 것이다. 호오봉은 察識端倪說을 주장하였다. 오봉에 따르면 인간에게 본래적으로 구비되어 있는 천리는 心이 외물과 접촉하여 발동하는 已發의 순산에 그 모습을

---

求中說을 주장하였는데 정자는 이를 비판하였다. 미발 시의 중을 구하고자 생각하였다면 곧 이것은 이미 和가 되므로 중이라고 말할 수 없다는 것이다. 그러므로 미발 시의 수양이란 求中이 아니라 存養이 옳다고 말하였다.(오식원, 「심경의 구성과 수양론 연구(二)」『농양철학연구』 37, p.117)

드러낸다. 예를 들면 『孟子』에서 말하는 것처럼 옛날 齊의 宣王은 도살장으로 끌려가는 소를 보고 惻隱의 情을 느꼈다. 이 경우 이 측은의 정이 바로 仁(天理)의 端倪(처음)인 것이다. 이 단예를 확실히 인식하여 잃어버리지 않도록 단단히 지키면서 이것을 함양하여 확충시켜 나가면 心은 天理로 가득 차게 된다는 것이다. 도식적으로 말하면 먼저 찰식 그 후에 존양이라고 하는 이른바 動에 중점을 둔 방법론이다.[170] 주자가 자신의 스승이 알려준 미발 시 함양을 체득 못하고 있던 그 시기에 장남헌의 선찰식·후함양설은 반가운 가르침이었다. 未發은 이제 더 이상 고민하지 않아도 되는 개념이었다. 已發에서 마음을 잘 살피면 그만이었다. 일어나는 그 마음속에 천리가 함께 드러나기 때문이다.

장남헌이 이런 설을 제창했던 것은 당시의 사대부들이 고매한 철학적 논의는 할 수 있어도 막상 현실의 장에 던져 놓으면 마음의 동요를 일으켜 갈피를 잡지 못하고 방황하는 폐해를 깨달았기 때문이다. 주자는 장남헌의 이러한 가르침에 귀를 기울여 자신의 스승이 전해준 미발 시의 함양공부를 소홀히 하게 된다. 그것이 정좌의 소홀로 이어지게 된다. 그러니까 靜의 철학에서 動의 철학으로 옮아가게 되는 것이다. 다음 글에서 그 의미를 잘 살필 수 있다.

이전에 선생님께 받은 편지에 선생님께서는 이연평 선생의 말씀 중 나는 천령의 은총으로 도리가 언제나 눈앞에 있는 것처럼 되었다는 구절을 인용하시며 만약 정말 이렇다고 한다면 진보하

---

170) 『朱子語類』 卷12 "因看 心 生道也 云 不可以湖南之偏而廢此意 但當 於安靜深固中涵養出來 此以靜應動 湖南以動應動 動靜相涵".

지 않을 턱이 없다고 말씀하셨습니다. 이 선생은 묵좌징심(默坐澄心)의 학을 하시어 마음을 견고히 보지(保持)하셨습니다만 후에 남헌이 묵좌징심을 근저에서부터 비난하였기 때문에 배우는 자의 수행이 결국 산만하게 되어버렸습니다. 역시 묵좌징심 한 길로 가는 편이 좋을 듯합니다.[171]

그것은 다만 이 선생께서 출사하지 않았으므로 그런 수행을 할 수 있었던 것이다. 만약 출사하셨더라면 각양각색의 사건과 씨름하지 않으면 안 되었을 것이다. 예전에 역시 묵좌징심을 중시한 오공제를 만난 적이 있는데 그때 그는 마침 수업 중으로 본인은 자신이 먼저 묵좌한 후 학생들에게노 시킬 생긱이었으니 학생들이 모두 교실 밖으로 나가버려 영 꼴이 말이 아니었다. 그저 묵좌만 하고 있어서는 안 된다.[172]

주자의 이 발언에는 정좌에 편중되기 쉬운 문인을 훈계한다는 상황적인 의미가 포함되어 있다고 하더라도 젊은 주자의 가슴에 싹트고 있던 불만이 무엇이었는지는 쉽게 짐작할 수 있다. 연평은 벼슬을 하지 않았기 때문에 정좌를 할 수 있었지만 벼슬을 히는 관리의 경우에는 각양각색의 사건을 접해야 하기 때문에 정좌를 할 시간이 없다. 그렇다면 당연히 새로운 공부방법이 필요하게 된다. 즉 장남헌이 제창한 動의 공부방법이 그것이다. 그러니까 動의 공부방법에 치중하다 보면 자언히 정좌는 중요한 개념이 될 수 없다. 그러나 얼마 지나지 않아 주자는 이 察識端倪說에 의문을 품

---

171) 미우라쿠니오 지음, 김영식  이승연 옮김, 『인간주자』, p 108
172) 미우라쿠니오 지음, 김영식·이승연 옮김, 『인간주자』, p.109.

게 되고 마침내 이를 초극하게 된다.

그때까지 그는 대개 心이란 모두 已發을 가리켜서 말한다는 정자의 말을 오해하여 心을 已發로 性을 未發로 파악하여 왔다. 여기서 정자가 말하는 已發이란 심의 본체가 작용하고 있는 것을 가리키는 것으로 已發 본래의 뜻인 사물과 사려가 교착하는 것을 말하는 것은 아니다. 찰식단예설에 대한 믿음은 이 오해 위에 서 있다. 왜냐하면 처음부터 心이라는 것이 已發 이외에는 존재할 수 없는 것이라면 수행방법으로서는 心이 발하는 방식이 正일지 邪일지를 성찰하는 것으로 압축되지 않을 수 없기 때문이다. 그러나 실제로는 心은 未發과 已發이라는 두 개의 국면을 가지고 있다. 心안에 아직 情이나 사려가 싹트지 않고 사물과 아직 접촉하지 않은 때가 『中庸』에서 말하는 희로애락이 아직 발하지 않은 未發의 상태이고 사물과 접촉하여 情이나 思慮로서 움직인 때가 已發의 상태이다. 주자는 정자의 말을 새롭게 해석하여 자신의 견해를 다음과 같이 드러낸다.

> 정자의 문집이나 『유서』에 보이는 여러 설을 생각해 보면 이렇게 말하고 있는 것이라 생각됩니다. 사려가 아직 싹트지 않고 사물이 아직 도달하지 않은 때가 희로애락의 미발이며 이때가 심의 적연부동(寂然不動)한 체이며 천명의 성은 거기에 본질 그대로 완전하게 구비되어 있습니다. 그 존재방식에는 과부족이 없으며 또 편기가 없으므로 중(中)이라 하는 것입니다. 그것이 감(感)하여 마침내 천하의 일에 통하면 희로애락의 정이 발현하여 심의 용(用)을 볼 수 있는 것입니다. 이때 절에 맞지 않는 것이 없고 괴려함이 없으므로 화(和)라고 하는 것입니다.[173]

주자는 心을 體와 用으로 구분하여 두 곳에서 모두 공부를 해야
한다는 입장이고 남헌은 未發 때의 心은 알 수 없기 때문에 오직
已發에만 공부하면 된다고 하였다. 남헌의 방법대로 하면 中으로
부터 和에로라고 하는 心의 온전한 움직임은 보증되기 어렵고 다
양하며 유동적인 현상에 의해 心의 주체성을 상실할 우려가 있다.
따라서 未發 때에도 心이 中을 얻을 수 있는 수양이 필요한 것이
다.174) 여기에 未發의 涵養이라고 하는 저 이연평의 방법을 주자
는 다시 강조하게 된다. 動에 치우쳐 중시되지 않았던 靜坐工夫法
이 다시 의미를 가지게 되었다. 그러나 주자는 정좌를 통해서 이
연평처럼 미발의 기상을 체인하는 영역까지는 강조하지 않고, 다
만 분산된 마음을 모으는 정도에서 정좌의 의미를 사용하고 있다.

---

173) 미우라쿠니오 지음, 김영식·이승연 옮김, 『인간주자』, p.123-124.
174) 『心經附註』 卷3 "但未接物時 便有敬以主乎中 則事至物來 善端昭著
　　 所以察之者 益精明耳 又謂某言以靜爲本 不若遂言以敬爲本 此固然也
　　 然敬字工夫 貫動靜 而必以靜爲本 今若遂易爲敬 雖若完全 却不見敬
　　 之所施 有先有後 亦未爲的當也 必如所謂要須靜 以涵動之所本 察夫
　　 動 以見靜之所存 動靜相須 體用不離 而後爲無滲漏也"(다만 사물과
　　 아직 접하지 않았을 때에 곧 敬으로써 그 가운데를 주로 함이 있으
　　 면 일이 이르르고 物이 닥침에 선한 단서가 밝게 드러나서 살피는
　　 바가 더욱 정밀하고 분명해지는 것이다. 또 이르기를 내가 靜으로써
　　 근본을 삼는다고 말하는 것이 마침내 敬으로써 근본을 삼는다고 말
　　 하는 것만 못하다고 하니 이것은 본래 그러하다. 그러나 敬자의 공
　　 부는 動靜을 일관하지만 반드시 靜으로써 근본을 삼아야 한다. 지금
　　 만약 마침내 敬으로 바꾼다면 비록 완전한 것 같으나 도리어 敬이
　　 베풀어지는 先後가 있음을 알지 못하는 것이니 또한 정당하지 않다.
　　 반드시 이른바 모름지기 靜을 구하여 動의 근본이 되는 바를 涵養
　　 하고 대저 動을 살펴서 靜이 보존한 바를 알아서 動과 靜이 서로
　　 필요하고 體와 用이 떨어지지 않은 후에 삼두뭄이 없을 것이다.)

나머지 體認의 공부는 정좌 대신 敬의 개념을 가지고 대체한다.175) 왜냐하면 정좌에 너무 치중하다 보면 정좌 그 자체가 목적이 되어 우리 눈앞에 일어나는 여러 가지 현실적인 일 처리를 처리할 수 없게 되는 병폐가 있기 때문이다. 즉 정좌를 통해서 마음이 깨어 있게 되어 경공부의 실체를 알게 되었으면 더 이상 정좌에 집착할 필요가 없다. 정좌의 방법을 사용하기에는 현실상 많은 제약이 따르기 때문이다.

다음으로 주자는 정좌의 자세와 방법에 대해서 구체적으로 다음과 같이 서술하고 있다.

> 몸이 아플 때는 생각을 쉬고 모든 것을 놓아둔 채, 온 정신을 心과 氣를 존양하는 데에 쏟으라. 간단하게 가부좌를 틀고 조용히 앉아 시선을 코끝에 둔 채 정신을 배꼽에 집중하라. 때가 되면 온 기를 느낄 것이며 점차 결과를 보게 될 것이다.176)

정좌의 자세에 있어서 가부좌를 틀고 시선을 코끝에 둔 채 정신을 배꼽에 집중하라는 주자의 언급은 佛家의 坐禪法과 다를 것이 없다. 그러나 儒家의 靜坐 자세는 상세한 기록은 남아 있지 않다. 그래서 비교적 자세히 남아 있는 佛家의 坐禪法을 통해서 儒家의 靜坐를 이해할 수 있다.

---

175)『心經附註』卷1 "或問喜怒哀樂之前 下動字 下靜字 曰 謂之靜則可 然靜中 須有物 始得 這裏便是難處 學者莫若且先理會得敬 能敬則自 知此矣".

176)『朱子文集』卷51 "病中不宜思慮 凡百可且一切放下 專以存心養氣爲 務 但跏趺靜坐 目視鼻端 注心臍腹之下 久自溫暖 卽見功效矣".

좌선을 할 때에는 고요한 곳에서 두꺼운 방석을 깔고 허리띠를 넉넉하게 매고 몸가짐을 단정히 한 뒤에 결가부좌한다. 먼저 오른쪽 발을 왼쪽 무릎 위에 놓고 왼쪽 발을 오른쪽 무릎 위에 놓는다. 혹 반가부좌하는 것도 좋으나 다만 왼쪽 발로 오른쪽 발을 누른다……또 몸을 지나치게 곤두세워 호흡을 급하게 하여 불안케 하지 말고 귀와 어깨는 수직으로 같게 하고, 코와 배꼽을 일직선 되게 하며, 혀는 입천장에 대고 입은 다물고, 눈은 조금 떠서 잠이 오지 않게 하라.[177]

선불교의 좌선법을 보면 주자가 말하는 것과 큰 차이를 찾을 수가 없다. 결국 주자는 불교의 좌선법을 정좌에 응용했다고 할 수 있다. 그러나 불교에서 추구하는 경지와 주자가 추구하는 경지는 다른 것이다. 이것은 조금 뒤에 서술하도록 하겠다. 이렇게 정좌를 해서 무엇을 얻으려고 하는 것인가? 그 의미를 다음과 같이 서술하고 있다.

묻기를 "정자가 항상 사람에게 靜坐하도록 하시니, 어떻습니까?" 라고 하자 대답하기를 "또한 그가 사람들이 생각이 많음을 보고서 사람으로 하여금 이 마음을 수습하게 한 것일 따름이다. 초학자가 또한 마땅히 이와 같이 해야 한다."라고 하였다.[178]

초학자가 공부를 할 때 생각이 많아서 집중이 잘 안 될 때 정좌를 통해서 마음을 수습한 다음에 공부를 하는 것이 효과적이라고

---

177) 정념 엮음, 『네 발밑부터 살피라』, p.158.
178) 『心經附註』 卷3 "問 程子常敎人靜坐 如何 曰 亦是他見人要多慮 且 敎人收拾此心耳 初學 亦當如此".

말하고 있는 것이다. 바로 여기에서 선불교에서 추구하는 경지와 주자가 정좌를 통해서 얻고자 하는 경지와의 차이점이 존재한다. 즉 선불교는 마음 밖에 진리가 존재하지 않기 때문에 마음을 끝까지 파고들어 거기에서 결정 내는 방법이라면 주자의 정좌는 분산된 마음을 모으는 차원에서 끝내는 것이다.[179] 그래서 유가의 정좌는 다음의 공부방법이 존재하는 것이다. 그 공부방법이 格物致知이다. 그리고 또 주자는 스승 연평의 말을 인용하고 있다. 그는 "연평 선생이 일찍이 말하기를 '도리는 모름지기 낮에는 이해하고, 밤에는 오히려 고요한 곳에 가서 앉은 곳에서 생각해야만 비로소 얻을 수 있다'고 하시거늘, 나도 이 말에 의거하여 해 보니, 참으로 이전과 달랐다."라고 하였다.[180]

위 두 구절에서 주자가 정좌를 통해서 얻고자 하는 것은 마음을 수습하여 생각을 하나로 모으는 것임을 알 수 있다. 고요할 때 정좌를 통해서 얻은 마음의 통일 상태를 敬이라고 부를 수 있을 것이다.[181] 그렇다면 사물과 접촉할 때는 이 힘을 어떻게 적용해야

---

179) 『朱子語類』 卷12 "或問: 不拘靜坐與應事 皆要專一否 曰: 靜坐非是要如坐禪入定 斷絶思慮 只收斂此心 莫令走作閑思慮 則此心湛然無事 自然專一 及其有事 則隨事而應 事已 則復湛然矣 不要因一事而惹出三件兩件 如此 則雜然無頭項 何以得他專一 只觀文王 雝雝在宮 肅肅在廟 不顯亦臨 無射亦保 便可見敬只是如此 古人自少小時便做了這工夫 故方其灑掃時加帚之禮 至於學詩 學樂舞 學弦誦 皆要專一 且如學射時 心若不在 何以能中 學御時 心若不在 何以使得他馬 書數皆然".

180) 『心經附註』 卷3 "又曰 延平先生嘗言道理須是日中理會 夜裏却去 靜處坐地思量 於始有得 某依此說去做 眞箇是不同".

181) 『心經附註』 卷3 "又曰 一二年來 頗專於敬字上勉力 愈覺周子主靜之意 爲有味 程子謂於喜怒哀樂未發之前 更怎生求 只平日涵養便是 此

할까? 주자는 사물과 접촉할 때도 고요할 때 모은 힘을 그대로 발휘하면 된다고 한다. 그 근거를 주자는 다음과 같이 말한다.

　　고요함에 기르지 않을 수 없는 것이 움직임에 살피지 않을 수 없는 것과 같다. 다만 한 번 움직이고 한 번 고요함이 서로 뿌리가 되고, 경과 의를 협지하여 간단을 용납지 않는다는 것을 알면 비록 靜 字를 놓아도 원래 죽은 것이 아니다. 지극히 고요한 가운데 스스로 움직임의 단서가 있는 것이니, 이것이 곧 천지의 마음을 안다는 것이요, 선왕이 至日에 관문을 닫은 까닭이다. 대개 이때를 당해서는 안정하여 이것을 기를 뿐이다. 본래 일을 멀리하고 사물을 끊고, 눈을 감고 우뚝 앉아 靜에 치우치는 것을 이름이 아니다. 다만 사물과 아직 접하지 않았을 때에 곧 敬으로써 그 가운데를 주로 함이 있으면, 일이 이르르고 物이 닥침에 선한 단서가 밝게 드러나서 살피는 바가 더욱 정밀하고 분명해지는 것이다.[182]

고요함과 움직임은 서로 분리되어 있는 것이 아니다. 그래서 고요할 때 그 가운데를 주장함이 있으면 움직일 때도 그 기운이 그대로 발휘된다고 한 것이다. 그리고 주자는 靜의 참된 의미를 본래 일을 멀리하고 사물을 끊고 눈을 감고 우뚝 앉는 것이 아니고, 다만 고요한 그때에 주의를 두어 일이 왔을 때 일의 실상을 분명

　　意 當深體之也".
182)『心經附註』卷3 "靜之不可不養 猶動之不可不察也 但見一動一靜互爲其根 敬義夾持 不容間斷之意雖下靜字 元非死物 至靜之中自有動之端焉 是乃所以見天地之心者 而先王之所以至日閉關 蓋當此時 則安靜以養乎此耳 固非遠事絶物 閉目兀坐而偏於靜之謂 但未接物時 便有敬以主乎中 則事至物來 善端昭著 所以察之者益精明耳".

하게 살필 수 있는 힘을 기르는 것이라고 했다. 그렇다면 올바른
動·靜관계는 어떻게 묘사할 수 있을까?

> 敬의 공부는 動·靜을 일관하지만 반드시 靜으로써 근본을 삼
> 아야 한다. 지금 만약 마침내 敬으로 바꾼다면 비록 완전한 것 같
> 으나, 도리어 敬이 베풀어지는바 先後가 있음을 알지 못하는 것이
> 니, 또한 정당하지 않다. 반드시 이른바 모름지기 靜을 구하여 動
> 의 근본이 되는 바를 涵養하고, 대저 動을 살펴서 靜의 보존한 바
> 를 알아서, 動과 靜이 서로 필요하고, 體와 用이 떨어지지 않은
> 후에 삼루됨이 없을 것이다.[183]

敬이 動과 靜을 관통하여 하나가 되었을 때 제대로 된 공부가 되
는 것을 알 수 있다. 정좌를 통해서 얻은 敬을 動과 靜에 끊어짐 없
이 사용을 하면 몸과 마음이 수렴되고, 氣가 거칠고 사납지 않게 되
어 맑은 것은 더욱 맑아지고, 흐린 것은 자라지 못하며, 아름다운 것
은 더욱 아름다워지고, 惡한 것은 행해질 수 없게 될 것이다.

## 2) 存 養

위의 靜坐를 통해서 마음을 깨어 있게 하는 방법이 앉아서 할
수 있는 방법이라면 다음에 말하는 네 가지는 사물과 접촉하면서

---

183) 『心經附註』 卷3 "然敬字工夫貫動靜而必以靜爲本 今若遂易爲敬 雖若
完全 却不見敬之所施有先有後 亦未爲的當也 必如所謂要須靜以涵動
之所本 察夫動以見靜之所存 動靜相須 體用不離 而後爲無滲漏也".

할 수 있는 방법184)이라고 할 수 있다.

먼저 구체적 방법을 논하기 전에 왜 이것이 사물과 접촉하면서 할 수 있는 방법이라고 정의되는 것인지에 대해 좀더 자세히 살펴보자. 일이 없어 고요할 때 靜坐를 통해서 마음을 깨어 있게 한 상황이 敬의 다른 한 측면이라면, 이제 일이 생겨 사물과 마주할 때도 이 마음의 깨어 있는 상황을 계속 유지시켜 나가야 마음에 혼란이 생기지 않을 것이고 이를 통해서 사물의 이치도 파악할 수 있는 근거를 마련할 수 있을 것이다.185)

마음이 사물과 접하여 인식이 일어나면 우선 감각기관으로 사물의 모양이나 상태를 파악하고, 파악된 모양이나 상태에 의해서 마음이 움직인다.186) 그때 마음은 여러 가지 반응을 일으킬 것이다. 이 반응을 일으킬 때 그냥 두면 마음이 욕심으로 기울어질 가능성이 많다. 이럴 경우에 마음이 욕심으로 기울어지지 않도록 붙잡아 주는 역할을 하는 것이 필요한데, 그 붙잡아 주는 역할을 다음의 네 가지가 한다는 것이다.

정자는 이에 대해 하나를 주로 하여 옮겨가지 않게 한다. (主一無適)는 것을 가지고 말하기도 했고, 整齊嚴肅을 가지고 말하기

---

184) 『朱子語類』 卷12 "一之問: 存養多用靜否? 曰: 不必然 孔子卻都就用處敎人做工夫 今雖說主靜 然亦非棄事物以求靜 旣爲人 自然用事君親 交朋友 撫妻子 御僮僕 不成捐棄了 只閉門靜坐 事物之來 且曰: 候我 存養! 又不可只茫茫隨他事物中走 二者須有箇思量倒斷始得".

185) 『朱子語類』 卷12 "敬不是只恁坐地 擧足動步 常要此心在這裏".

186) 『朱子語類』 卷12 "只外面有些隙罅 便走了 問: 莫是功夫間斷 心便外 馳否? 曰: 只此心纔向外 便走了" 端蒙.

도 했다. 그리고 그의 문인 謝氏의 설에 이르면 이른바 항상 깨어 있게 하는 방법(常惺惺法)이라는 것이 있으며, 그의 문인 尹氏의 說에는 이른바 그 마음을 수렴하여 그러한 마음 상태와 다른 것은 하나도 용납하지 않는다(其心收斂不容一物)는 것이 있다.187)

네 가지이지만 크게 둘로 나누어진다. 하나는 주일무적·정제엄숙이고 둘은 상성성법·기심수렴불용일물이다. 전자를 현실 속에서 인식이 일어날 때 마음을 관찰할 수 있는 방법으로서의 敬이라 하고, 후자를 인식이 일어나기 이전의 마음을 깨어 있게 하는 방법으로서의 敬이라고 할 수 있다. 이들의 관계를 주자는 비록 세 사람이 학자들을 위하여 敬의 내용을 다양하게 설명하고 있지만 그중 한 가지만을 올바르게 이해하여 敬을 실천할 수 있다면 나머지 세 가지는 모두 포함된다고 하였다. 마치 방에 들어갈 때 사방의 어느 한 방문을 이용하여 들어가게 되면 나머지 세 방문으로 들어오는 방법이 그 속에 있는 것과 같다고 한 것이다.188) 마음이 사물과 만나기 이전의 본심을 보존하는 방법인 敬에 대해서 살펴보자.

① 常惺惺

常惺惺이란 항상 마음을 또렷이 깨어 있게 하여 혼매하지 않게

187) 『大學或問』, "程子於此嘗以主一無適言之矣 嘗以整齊嚴肅言之矣 至其門人謝氏之說 則又有所謂常惺惺法言 尹氏之說 則又有所謂其心收斂不容一物者焉".
188) 오석원, 「심경의 구성과 수양론 연구」, pp.135-136.

한다는 뜻이다. 이것은 '마음을 잡으면 선한 본성이 보존되어 저절로 깨어 있게 되고 마음을 놓으면 산란하게 된다'는 謝良佐(1050-1103)의 견해를 계승한 것으로, 항상 마음을 생생하게 살아 움직이게 하는 것을 의미한다.[189] 주자는 常惺惺을 잠에서 깨어나는 것에 비유하고 있다.

　　사람의 본래 마음이 밝지 않으면, 마치 잠자는 사람의 의식이 완전히 어두워져서 이 몸이 있는지 알지 못하는 것과 같다. 반드시 흔들어 깨워야 비로소 알게 된다. 마치 졸음이 밀려올 때 줄기차게 스스로 흔들어 깨우는 것과 같으니, 멈추지 않고 흔들어야만 마침내 깨울 수 있다. 내가 살펴보니 중요한 공부는 단지 흔들어 깨우는 데 있을 뿐이다. 그러나 이와 같은 공부는 반드시 몸소 경험하여 스스로 분명하게 이해해야 한다.[190]

졸음이 밀려올 때 줄기차게 흔들어 깨우지 않으면 밀려오는 졸음을 이길 수 없다. 그러므로 밀려오는 졸음을 이기려면 흔들어 깨우는 방법밖에는 없다. 밀려오는 졸음을 사람의 마음을 흐리게 하는 욕심으로 보면, 이 욕심에 넘어가지 않기 위해서 마음을 항상 흔들어 깨어 있게 만들어야 한다. 그래서 주자는 "경건하면 하늘의 이치가 항상 밝아서 저절로 사람의 욕심을 서시하여 세서할 수 있다"[191]고 하였다.

---

189) 이강대, 『주자학의 인간학적 이해』, p.169 참조.
190) 『朱子語類』 卷12 "人之本心不明 一如睡人都昏了 不知有此身 須是喚醒 方知 恰如瞌睡 彊自喚醒 喚之不已 終會醒 某看來 大要工夫只在 喚醒上 然如此等處 須是體驗教自分明".

140

이 깨어 있음의 특징을 주자는 불교의 방법과 비교하면서 유가의 다른 점을 부각시키고 있다.

　어떤 사람이 "사량좌가 주장한 心常惺惺法은 불교에도 또한 이러한 말이 있지 않은가"라고 물었다. 주자는 "그것이 이 마음을 불러서 깨어 있게 한다는 것은 같다. 그러나 그것의 방법(깨어 있게 하는 방법)은 다르다. 우리 儒家에서 이 마음을 불러 깨어 있게 하는 것은 마음으로 하여금 수많은 도리를 비추어 보고 알아서 (그에 따라 일을) 처리하게 하고자 하기 때문이다. 불교는 아무런 목적 없이 여기 있는 이것(내 마음)을 불러서 깨어 있게 하는 것이며 (뭔가를) 하려는 것이 아니다. 그들의 다른 점은 바로 여기에 있다"라고 대답했다.192)

유가의 깨어 있는 방법의 특징은 아무런 목적 없이 마음을 깨어 있게 하는 것이 아니고 무언가를 준비하는 방법으로서 깨어 있는 것이다. 아무런 목적 없이 마음을 깨어 있게 하는 것을 주자는 선불교의 명상하여 선정에 들어가서 생각을 끊어버리는 것이라고 하였다. 그러나 유가는 생각을 끊어버리는 것이 아니라 생각을 하되 적절하게 잘 통제하는 것이라고 하였다. 이 생각을 적절하게 통제하는 방법을 주자는 다음과 같이 언급하고 있다.

　물었다: "오랫동안 고요히 앉아 있으면 하나의 생각이라도 떠오르지 않을 수 없으니 어떻게 해야 합니까?" 말씀하셨다: "또한

191)『朱子語類』卷12 "敬則天理常明 自然人欲懲窒消治".
192) 이광률,『주자철학연구』, p.267 참조.

그 생각이 무슨 일을 하려는 것인지 살펴야 한다. 만약 좋은 일이
고 마땅히 실천할 일이라면 반드시 더 생각해야 한다. 혹시 그 일
에 대한 생각이 투철하지 않다면 마땅히 더 생각하여 끝내야 한
다. 만약 좋지 않은 일이라면 일삼지 않아야 한다. 스스로 그렇게
느끼는 순간 경건함은 거기에 있게 된다."[193]

생각의 통제를 통해서 얻은 마음의 경건함이 곧 항상 깨어 있는 것
이며, 이는 앞으로 일어날 일에 대해서 미리 준비하는 성격을 가지고
있는 공부방법임을 알 수 있다. 이것에 반해 불교는 생각 자체를 단
절하려고 하기 때문에 익문에 대한 탐구는 필요하지 않게 된다. 생각
자체가 空임을 확인하기 위해서 마음속으로 파고드는 것이 불교의
방법이다. 여기서 유가의 敬과 차이가 난다. 그래서 주자는 불교의
깨달음에 대해서 허송세월만 보낼 수 있다는 문제점을 제시한다.

저들이 말하는 확연히 깨닫는다는 것이 格物察倫(격물찰륜)에
오히려 흐리멍덩하니 어찌 확연한 깨달음을 얻을 수 있겠습니까?
또 더구나 황홀한 깨달음이라는 것이 기다린다고 꼭 얻어지는 것
이 아니요, 공연히 사람으로 하여금 판별 못할 의혹을 가슴에 품
고 뜻이 분산되고 기운이 쇠진한 상태로 허송세월만 하여 갈팡질
팡 허둥대도록 할 따름입니다.[194]

---

193) 『朱子語類』 卷12 "或問: 一向把捉 待放下便覺恁衰颯 不知當如何?
曰: 這箇也不須只管恁地把捉 若要去把捉 又添一箇要把捉底心 是生
許多事 公若知得放下不好 便提捉起來 便是敬 曰: 靜坐久之 一念不
免發動 當如何? 曰: 也須看一念是要做甚麼事 若是好事 合當做底事
須去幹了 或此事思量未透 須著思量敎了 若是不好底事 便不要做 自
家纔覺得如此 這敬便在這裏".

불교의 깨달음은 사물을 연구하고 인륜을 살피는데 오히려 어둡고 또 그 깨달음 자체도 기다린다고 얻어지는 것이 아니다. 그리고 사람을 쇠진한 상태로 만들고 허송세월만 보내게 한다고 하였다. 차라리 이럴 바에는 깨달음을 기다리지 않고 차근차근 공부하는 儒家의 공부법이 더 나은 것이 아닌가고 주자는 말하고 있다.

어찌 吾道에 致一하여 下學上達의 순서를 따라 입으로 외우고 마음으로 생각하고 몸소 실천하고 힘써 궁구하여 번거로울지언정 홀략하지 아니하고 아래일지언정 높지 아니하고 얕을지언정 깊지 아니하고 졸렬할지언정 교묘하지 아니하여 조용히 음미하고 오래도록 조금씩 나아가 衆理가 밝아지고 차례가 뚜렷해진 연후에 大中至正한 道와 天理人事의 전체가 이에 있음을 아는 것만 같겠습니까?195)

유가의 공부법은 갑작스런 깨달음은 없지만 순서를 밟아서 가다 보면 그 속에서 大中至正한 道를 얻을 수 있다는 것이다. 이것은 깨어 있는 상태에서 끝나는 공부가 아니고 거기에서 차례를 더 밟아 끝까지 궁구하는 방법임을 말하는 것이다. 그러므로 같이 깨어 있음을 말하지만 두 방법 사이에는 분명한 차이가 있음을 알 수 있다.

---

194) 『朱書百選』, 「答汪尙書」 p.47-48 참조. "彼旣自謂廓然而一悟者其於此 猶憒然也則亦何以悟爲哉 又況俟之而未必可得 徒使人抱不決之疑 志分氣餒 虛度歲月而倀倀耳".

195) 위의 책 "曷若致一吾宗 順下學上達之序 口講心思 躬行力究 寧煩毋略 寧下毋高 寧淺毋深 寧拙毋巧 從容潛玩 存久漸明 衆理洞然 次第無隱然後 知夫大中至正之極 天理人事之全 無不在是".

② 其心收斂 不容一物

마음을 거두어들여 한 물건도 수용하지 않는다는 의미는 무엇일까? 주자는 이에 대하여 마음을 거두어들임의 중요성을 다음과 같이 말하고 있다.

　배우는 사람이 학문할 때에는 진정으로 아는 것과 힘써 실천하는 것에 대해 묻기 전에 우선 이 마음을 거두어들여서 편안히 놓을 곳이 있어야 한다. 만약 전부 의리에서 편안히 머물도록 거두어들여서 수없이 어지러운 생각을 없앤다면 오랜 시간이 지났을 때 저절로 외물에 대한 욕심은 경시되고 의리는 중시될 것이나.[196]

진정으로 아는 것과 힘써 실천하는 것에 대해 묻기 전에 먼저 마음을 거두어들여 편안하게 머물도록 하는 것이 무엇보다 급한 일이라고 한다. 그런 다음에 어지러운 생각을 없앤다면 자연히 의리를 중시하게 되고 욕심은 점차 사라질 것이다. 왜 곧바로 묻고 실천하는 영역으로 가서 공부하면 안 되는가? 그 이유는 마음이 의리에 굳게 서지 않은 상태로 대상 사물에 나아가면 사물에 의해 덮여지고 가려져서 이치를 밝히기가 어렵기 때문이다. 그래서 주자는 먼저 큰 것을 확립한 다음[197]에 그것을 토대로 이치를 궁구하라고 하였다. 즉 마음을 거두어들여 의리에 편안하게 머물러 있

---

196) 『朱子語類』 卷12 "學者爲學 未問眞知與力行 且要收拾此心 令有箇頓放處 若收斂都在義理上安頓 無許多胡思亂想 則久久自於物欲上輕 於義理上重".

197) 『朱子語類』 卷12 "先立乎其大者".

144

으면 다른 외물이 접근하여 내 마음을 유혹하더라도 그 유혹에 따라가지 않게 된다. 내 마음을 유혹하는 어떤 사물도 내 마음속에 들어오지 못하는 것이 '한 물건도 수용하지 않는 것'이다.

그리고 주자는 마음을 수렴하는 구체적인 공부방법으로 하나에 집중해서 다른 것이 들어오지 못하도록 하는 것을 제시한다.

> 윤씨의 "그 마음을 거두어들여 한 물건도 수용하지 않는다"는 말에 대해 질문하자 답하기를 "마음이 한 가지 일을 주로 하여 다른 일에 의해 어지러워지지 않는 것이 곧 한 물건도 수용하지 않는 것이다"고 했다.198)

> 마음을 사용할 때 한 가지 일에 집중해서 사용하게 되면 그 순간에는 다른 일이 내 마음을 어지럽게 할 수 없다. 바로 일이 있는 그 순간에 집중해야 한다. 걷고 있을 때는 마음이 곧 걷는 데 있을 뿐이며, 앉아 있을 때는 마음이 곧 앉는 데 있을 뿐이다.199)

이와 같이 구체적으로 사물과 만나서 일 처리를 하기 전에 내 마음을 수렴하여 마음의 근본을 붙잡아 두는 작업이 敬공부의 하나인 '其心收斂 不容一物'이다. 마음을 거두어들여 근본을 붙잡게 되면 외물을 만나더라도 동요하지 않고 있는 그대로의 이치를 정확하게 볼 수 있게 된다. 물론 한번 마음을 수렴하여 근본을 붙잡았다고 해서 모든 일에 적절하게 대응할 수 있는 것은 아니다. 사

---

198) 『朱子語類』 卷17 "問尹氏 其心收斂不容一物之說 曰 心主這一事 不爲他事所亂 便是不容一物也".
199) 『朱子語類』 卷12 "若行時 心便只在行上 坐時 心便只在坐上".

람의 욕심은 끝이 없기 때문에 계속 솟아난다. 그래서 우리의 마음공부 또한 끊임없이 해야 되는 것이다. 그래서 마음을 수렴하여 근본을 붙잡는 것에서 공부가 끝나는 것이 아니고 그 다음의 공부가 있다. 그것을 주자는 오늘 한 일을 연구하고 내일 또 연구하여 관통할 때까지 연구하라고 하였다.[200]

결국 주자가 경공부를 통해서 확립한 것은 마음이 아직 사물과 접촉하지 않았을 때도 마음을 깨어 있게 해서 장차 사물과 마음이 접촉했을 때도 사물의 이름이나 모양을 따라가지 않도록 하는 것이었다. 초학자에게 경공부를 하라고 하면 어디에서 출발점을 잡아야 할지 잘 모르기 때문에 주자는 정좌를 하라고 했다. 정좌를 통해서 마음을 깨어 있게 했으면 이제는 정좌에 얽매일 필요는 없다. 마치 강을 건너기 위해서 뗏목을 이용해서 건넜으면 굳이 뗏목을 가지고 갈 필요가 없는 것과 같다. 이제 靜의 상태에서 敬공부를 어떻게 하는 것인지 기초를 잡았으면, 현실 속에서 경공부는 어떻게 하는지 살펴보도록 하자.

## 3. 現實 속에서의 持敬

### 1) 整齊嚴肅

整齊嚴肅이란 옷매를 단정히 하고 몸가짐을 엄숙히 하여 망령스

---

200) 『朱子語類』 卷12 "人若要沈 舊習都淨了 却去理會此道理者 無是理 只是收放心 把持在這裏 便須有箇眞心發見 從此使去窮理".

럽게 경거망동하지 않는 것인데, 朱子는 이와 같이 한다면 온몸이 저절로 편안하게 된다고 하였다.[201] 이것은 외형을 단속함으로써 내면을 純一하게 하는 공부방법이다. 먼저 외형을 단속하는 방법을 다음과 같이 서술하고 있다.

경건함을 유지하는 것을 설명할 때는 많은 말이 필요하지 않다. 다만 '가지런하고 엄숙하다', '위엄 있고 삼간다', '몸가짐을 바로잡고 생각을 정돈한다', '의관을 바르게 하고 시선을 정중하게 한다'와 같은 몇 마디 말을 익숙하게 음미하여 그것을 실천에 옮긴다면 이른바 '내면을 바르게 하는 것'과 '하나에 집중하는 것'은 인위적으로 조절할 필요가 없어지고, 몸과 마음이 엄숙해져서 겉모습과 속마음이 한결같을 것이다.[202]

외면을 단속하는 방법으로 주자는 의관을 바르게 하고 시선을 정중하게 한다고 했다.[203] 이것은 결국 "예가 아니면 보지도 듣지도 말하지도 동하지도 않는다"[204]는 것과 같은 의미이다. 이러한 몇 마디 말을 가지고 익숙하게 실천하면 내면을 바르게 하는 것도

---

201) 이강대, 『주자학의 인간학적 이해』, p.167 참조.

202) 『朱子語類』卷12 "持敬之說 不必多言 但熟味 整齊嚴肅 嚴威儼恪 動容貌 整思慮 正衣冠 尊瞻視 此等數語 而實加工焉 則所謂直內 所謂主一 自然不費安排 而身心肅然 表裏如一矣".

203) 더욱 구체적인 조목은 다음과 같다. "앉아 있을 때는 시동처럼 하고 서 있을 때는 재계하는 것처럼 한다. 고개는 꼿꼿하고 눈빛은 단정하며 걸음걸이는 무게가 있고 손놀림은 공손하며 입 모양은 조용하고 기상은 엄숙한 것이 모두 경건함의 절목이다."(朱子語類 卷12)

204) 『論語』,「顏淵」, "非禮勿視聽言動".

인위적으로 조절할 필요 없이 한결같아진다고 하였다. 이것은 외면을 제어함으로써 내면도 자연스럽게 다스려지는 방법이다. 정자는 이것을 담장을 수리하는 것에 비유를 들어서 설명하고 있다.

> 마치 사람이 집을 가지고 있을 적에 담장을 수리하지 않으면 도둑을 막을 수가 없어서, 동쪽으로 들어온 도둑을 쫓고 나면 다시 서쪽에서 들어오고 한 명을 쫓고 나면 한 명이 다시 이르는 것과 같으니, 담장을 수리하는 것만 못하다. 담장을 수리하면 도둑이 저절로 이르지 않는다.[205]

담장을 수리하지 않으면 여러 곳에서 도둑이 들어와 도둑을 막을 수 없는 것처럼 외면을 엄숙하게 유지하지 않으면 온갖 예가 아닌 일들이 외면에 이르러 결국은 내면을 흔들어 놓는다. 이럴 경우에 내면을 지키는 좋은 방법은 외면을 엄숙하게 유지하는 것이다. 그러나 지나치게 외면을 엄숙하게 조절한다면 도리어 다른 병통이 생긴다고 주자는 말하고 있다.

> 마음이 항상 경건하면 팔다리는 저절로 거두어들여지니 지나치게 신경 써서 인위적으로 조절하지 않아도 팔다리는 저절로 편안해진다. 신경을 써서 인위적으로 조절한다면 오래 지속하기가 어려워서 병통이 생길 것이다.[206]

---

205) 『心經附註』卷1 "如人有室 墻牆不修 不能邔方寇 寇從東來 逐之則復有自西入 逐得一人 一人復至 不如修其墻牆 則寇自不至".

206) 『朱子語類』卷12 "心無不敬 則四體自然收斂 不待十分著意安排 而四體自然舒適 著意安排 則難久而生病矣".

신경을 써서 인위적으로 외모를 단속하면 힘들고 얼마가지 않아서 마음도 분산 된다. 이럴 경우에는 구체적인 외모를 대상으로 해서 엄격하게 나 자신을 단속할 것이 아니라 추상적인 개념을 대상으로 해서 나 자신을 단속하는 방법이 있다. 주자는 이것을 '畏天命'207)이라 했다. 천명을 두려워한다는 뜻이다. 천명은 구체적으로 보이지는 않지만 언제나 나를 내려보고 있고 나의 모든 행동을 조절하는 것이기 때문에 두려워하지 않을 수 없다. 이렇게 모든 부분에서 내가 천명을 두려워하면 자신도 모르게 행동이 조심스럽게 되지 않을 수 없을 것이다. 주자는 두려워함의 수양방법을 다음과 같이 서술하고 있다.

경건함은 홀로 망연히 앉아서 귀로 아무것도 듣지 않고 눈으로 아무것도 보지 않으며 마음으로 아무것도 생각하지 않은 뒤에 경건함이라고 말하는 것이 아니다. 단지 경외하고 삼가며 감히 멋대로 행동하지 않을 뿐이다. 그와 같다면 마치 두려워하는 것이 있는 것처럼 몸과 마음이 거두어들여진다. 항상 그와 같다면 기상이 저절로 달라질 것이다. 이 마음을 간직할 수 있어야 비로소 학문을 할 수 있다.208)

구체적인 대상, 즉 외모를 대상으로 마음을 깨어 있게 하는 공부는 자칫 잘못하면 엄숙주의로 흘러서 마음에 생기가 없게 되는

---

207) 『朱子語類』 卷46 "畏天命……如非禮勿視聽言動 與夫戒愼恐懼 皆所以畏天命也".
208) 『朱子語類』 卷12 "敬非是塊然兀坐 耳無所聞 目無所見 心無所思 而後謂之敬 只是有所畏謹 不敢放縱 如此則身心收斂 如有所畏 常常如此 氣象自別 存得此心 乃可以爲學".

경우가 있다.[209] 그러면 사람이 너무 경직되어 다른 사람과 잘 어울리지 못하는 병통이 생길 수도 있다. 그래서 이런 경우에 구체적 대상이 아닌 추상적 개념을 대상으로 하여 수양하는 방법이 있다. 이것이 천명을 두려워하는 방법이다. 내 머리 위에서 항상 천명이 나를 지켜보고 있는 것 같기 때문에 나를 지킬 수 있다. 그러나 구체적 대상으로 보이지 않기 때문에 여기에 너무 얽매이지 않아도 된다. 그래서 내 마음을 적절하게 깨어 있게 할 수 있다.

그러나 내면과 외면을 다스리는 방법은 서로 확연하게 나누어지지는 않는다. 다음의 글에서 잘 드러난다.

> 하승이 말했다: "경건함은 밖에 있지 않으니, 다만 마음을 보존하는 것이 곧 경건함입니다." 선생님께서 말씀하셨다: "반드시 몸가짐을 바로잡고 생각을 정돈해야만 경건할 수 있다" 이어서 말씀하셨다: "(너의 말과 나의 말은) 각각 하나의 측면만을 말했다."[210]

마음이 깨어 있게 되는 경우는 두 가지 방향으로 나누어 볼 수 있다고 서술하고 있다. 하나는 외면을 통제해서 內面을 純一하게 하는 것이고 이것이 정제엄숙의 공부방법이다. 또 하나는 내면(마음)을 보존해서 외면을 저절로 敬하게 하는 것이다. 이것은 靜坐나 常惺惺의 방법이 여기에 속한다. 그러므로 이 둘은 서로 연결되어 있으면서 상호간에 영향을 미치는 관계라고 할 수 있다.

---

209)『朱子語類』卷12 "然今之言敬者 乃皆裝點外事 不知直裁於心上求功 遂覺累墜不快活".

210)『朱子語類』卷12 "何丞說: 敬不在外, 但存心便是敬 先生曰: 須動容貌 整思慮 則生敬 已而曰: 各說得一邊方".

## 2) 主一無敵

　사람의 마음은 쉽게 邪慮妄想이 꼬리를 물고 일어나서 어떤 한 가지 일을 하면서도 그 일에 생각이 집중되지 못한 채 자꾸만 딴 곳으로 분산되는 가는 병을 가지고 있게 마련인데, 이러한 분산을 막고 생각이 어느 한쪽으로 치우치지 않게 하는 공부가 敬이 다.[211] 이 敬에 도달하기 위한 방법의 하나로 主一無適이 있다. 먼저 '主'의 의미에 대해서 주자는 다음과 같이 정의하고 있다.

　　물었다: "예컨대 경건함을 유지하는 공부에서 어찌 경건함에 순일하고 싶은 바람이 없겠습니까? 그러나 저절로 경건하지 못한 상념이 떠올라 진정 그 바람과 실제의 거리가 서로 반대되어 제어하려고 할수록 더욱 심해집니다. 어떤 사람은 다만 스스로 경건함을 유지하여 비록 상념이 망령되이 일어나더라도 거기에 구애받지 말고 장차 오래 지속하면 저절로 안정된다고 말하는데 어떻게 그럴 수 있습니까?" 말씀하셨다: "요컨대 사특함과 올바름은 본래 대립되지 않으니 다만 스스로 마음속에서 주재하지 못할까 염려될 뿐이다. 주재할 수 있다면 사특함은 자연히 끼어들 수 없다."[212]

---

211) 이강대, 『주자학의 인간학적 이해』, p.168 참조.
212) 『朱子語類』 卷12 "問: 且如持敬 豈不欲純一於敬? 然自有不敬之念 固欲與己相反 愈制則愈甚. 或謂只自持敬 雖念慮妄發 莫管他 久將自定 還如此得否? 曰: 要之 邪正本不對立 但恐自家胸中無箇主 若有主 邪自不能入".

마음을 항상 깨어 있게 하고 싶어도 저절로 경건하지 못한 생각이 일어나서 나를 항상 들뜨게 만드는데 어떻게 하면 들뜬 것을 가라앉히고 마음을 깨어 있게 할 수 있겠는가? 이 질문에 주자는 경건하지 못한 생각과 그리고 이를 올바르게 하려는 생각은 본래 두 개로 나누어지지 않으므로 단지 마음속에서 올바르게 하려는 생각이 주도권을 가지고 있지 못하면 올바르게 하려는 생각이 사특함에 끌려가고 만약 올바르게 하려는 생각이 주도권을 가지게 되면 사특함은 들어오지 못하게 된다고 설명하고 있다. 그러므로 여기서 '主一'의 의미는 마음속을 먼저 올바름으로 채운다는 것으로 풀이할 수 있다. 그래서 마음속을 올바름으로 채워서 유지하면 사특한 것이 들어오지 못해서 마음은 언제나 밝게 빛나게 된다고 한다.[213] 그리고 '無適'의 의미도 '主一'의 의미가 풀이되면 저절로 이해된다. 즉 마음을 항상 올바름으로 유지해서 밝게 빛나게 하고 다른 사특한 곳으로 마음을 옮겨가지 않게 하는 것으로 풀이할 수 있다.

그리고 이것은 ' '을 마음으로 풀이했을 때 이런 설명이 가능하지만 '一'을 다른 의미로 풀이할 수도 있다. 즉 구체적인 하나의 일을 가리키는 경우도 있다. 한 가지 일에 집중해서 그 일을 할 때는 그 일에 마음을 두어 그 일을 잘하고 또 다른 일이 일어날 경우는 또 다시 일어난 일에 집중하는 것이 主一無適의 의미도 된다.[214]

---

213) 『朱子語類』 卷12 "人常恭敬 則心常光明".
214) 『朱子語類』 卷12 "心須常令有所主 做一事未了 不要做別事"
『朱子語類』 卷12 "問 嘗學持敬 讀書心在書 爲事心在事 如此頗覺有力".

다음으로 하나에 집중하는 구체적인 방법으로 樂士와 스님이 했던 것을 예로 들고 있다.

옛날에 귀머거리 樂士가 『詩經』을 암송했던 것은 바로잡고 경계한다는 뜻으로 언제나 그렇게 하였다. 곧 그가 커다란 소리로 암송하여 저절로 사람들이 그만두지 못하게 만들었다. 무릇 공부할 때는 반드시 긴장하며 반성해야 한다. 예컨대 서암화상은 날마다 '주인께서는 깨어 있습니까?'라고 묻고, 다시 스스로 '깨어 있습니다'라고 대답하였다. 오늘날 배우는 사람은 도리어 그렇지 않다.[215]

주자의 말대로 귀머거리 악사로 하여금 『詩經』을 암송하게 하고서 듣는 사람은 그 내용을 항상 들으면서 긴장하고 반성하게 하는 것이 곧 주일무적의 길이 된다. 스님의 방법은 언제든지 자기 자신에게 물어볼 수 있는 것이기 때문에 마음이 산란할 때마다 자신을 점검할 수 있는 가장 적절한 방법이 될 것이다. 그리고 하나에 집중하는 대상이 위와 같은 것 외에 다른 예도 들고 있다.

어떤 사람이 마음을 간직하는 것에 대해 물었다. 답하기를 "마음을 간직하는 것은 단지 이 몸이 있다는 것을 아는 것일 뿐이다. 예컨대 손님을 대접할 때도 단지 나의 이 몸이 여기서 손님을 대접한다는 것을 알고 있을 뿐이다."[216]라고 하였다.

---

215) 『朱子語類』 卷12 "古人聾史誦詩之類 是規戒警誨之意 無時不然 便被他恁地炒 自是使人住不著 大抵學問須是警省 且如瑞巖和尚每日間常自問: 主人翁惺惺否? 又自答曰: 惺惺 今時學者卻不如此".

자신의 몸처럼 공부하기 좋은 재료는 없을 것이다. 왜냐하면 항상 자기와 같이 있기 때문이다. 이렇게 같이 있는 자신의 몸을 관찰하는 대상으로 삼는다는 것은 무엇을 의미하는 것일까? 그것은 몸에 집중을 함으로써 잘못된 禮를 발붙이지 못하게 한다는 것이다.[217] 상대적으로 몸에 집중하지 못하게 되면 자신이 무슨 일을 하는지 모르게 됨으로써 잘못된 禮에 의해서 욕심으로 이끌리게 된다. 그래서 주자는 몸에 집중을 함으로써 마음을 깨어 있게 할 수 있었다. 몸을 조절하는 방법으로 다음과 같은 예를 들고 있다.

앉아 있을 때는 시동처럼 하고, 서 있을 때는 재계하는 것처럼 한다. 고개는 꼿꼿하고, 눈빛은 단정하며, 걸음걸이는 무게가 있고, 손놀림은 공손하며, 입 모양은 조용하고, 기상은 엄숙한 것이 모두 경건함의 절목이다.[218]

위와 같이 마음을 하나에 집중함으로써 자신의 마음을 깨어 있게 하였다. 마음을 집중하는 하나의 대상으로 먼저 마음을 올바름으로 채워서 사특함이 들어오지 못하도록 하는 방법이 있었고, 또 하나는 구체적인 대상에 집중함으로써 마음을 깨어 있게 하는 방법이 있었다. 그 예로 귀머거리로 하여금 『詩經』을 외우게 하는 것, 스님이 자기가 자신에게 묻는 것, 그리고 항상 내 마음과 같이

---

216) 『朱子語類』 卷12 "或問存心 曰: 存心只是知有此身 謂如對客 但知道 我此身在此對客".
217) 『心經附註』 卷1 "學者且須觀禮 蓋禮者 滋養人德性 又使人有常業 守得定".
218) 『朱子語類』 卷12 "坐如尸 立如齊 頭容直 目容端 足容重 手容恭 口 容止 氣容肅 皆敬之目也".

움직이는 몸에 집중하는 방법 등이 있었다.

이와 같이 靜의 상태와 動의 상태에서 마음을 깨어 있게 하는 공부를 한 다음에 하는 것은 사물의 이치를 탐구하는 공부이다. 이것을 朱子는 格物致知 工夫라고 했다. 朱子의 格物致知에 대해서 살펴보도록 하자.

# Ⅳ. 朱子의 格物致知論

## 1. 格物致知論의 理論的 背景

朱子의 窮理공부인 格物致知를 서술하기 전에 탐구의 대상인 理에 대해 알아보자. 먼저 선진시대 문헌에 보이는 理 개념의 몇 가지 用例를 살펴보면 다음과 같다.

天理에 의지하여 큰 틈을 가른다.[219]

성인은 이 천지의 아름다움을 窮究하여 만물의 리에 통달한다.[220]

理는 사물을 이루는 무늬이다……대개 理는 네모와 원, 길고 짧음, 거칠고 가늠과 굳고 약함의 구분이다……理가 정해지면 사물을 가르기가 쉽다.[221]

理를 窮究하고 性을 다하여 命에 이른다.[222]

---

219) 『莊子』, 「養生主」, "依乎天理 批大却".
220) 『莊子』, 「知北遊」, "聖人者 原天地之美 而達萬物之理".
221) 『韓非子』, 「解老」, "理者 成物之文也……凡理者 方圓長短 麤靡堅위之分也……理定在物易割也".
222) 『周易』, 「說卦傳」, "窮理盡性以至於命".

이와 같이 先秦時代의 理 概念은 무늬나 결, 또는 사물의 법칙
이라는 의미로 쓰이고 있지, 주자가 말하는 '所以然으로서의 理'라
는 의미로는 쓰이고 있지 않다.[223] 그래서 朱子가 말하는 理의 성
격에 대해서 살펴보면 다음과 같다.

태극은 단지 천지만물의 理이다……요컨대 천지가 있기 이전에
먼저 이 理가 있는 것이다. 움직여서 양을 생하는 것도 理요, 고
요하여 음을 생하는 것도 理이다.[224]

理라는 한 글자는 있다·없다는 말로 논할 수 없다. 아직 천지
가 있기 전에 곧 이미 이와 같았다.[225]

태극, 즉 理가 만물을 생성하는 최초의 근원자이며 모체이기 때
문에 천지가 생기기 전부터 이미 존재하여 모든 사물에 선재한다
는 것은, 태극, 즉 理가 자연계와 인간계의 모든 사물 및 현상이
그렇게 되지 않으면 안 되게끔 만드는 존재원리인 동시에 운행원
리임을 의미한다.[226] 이러한 지적은 모두 理의 超越性을 나타낸다
고 할 수 있다.

朱子가 묘사하는 理는 위와 같이 초월적인 면도 있지만, 다른

---

223) 임옥균, 「대진철학에 나타난 주자학적 사유의 비판에 관한 연구」,
성균관대학교 대학원 박사논문, 1994, p.35 참조.
224) 『朱子語類』 卷1 "太極只是天地萬物之理……未有天地之先 畢竟先有
此理 動而生陽 亦只是理 靜而生陰 亦只是理".
225) 『朱子大全』 卷58 "理之一字 不可以有無論 未有天地之時 便已如此了也".
226) 이강대, 『주자학의 인간학적 이해』, pp.35-36.

면에서는 인간과 사물에 내재된 理이기도 하다. 즉 理는 구체적 형상이 없고 초월적이지만, 현실적인 사물과 아무런 관련이 없는 것은 아니다. 즉 理는 비록 만물 중의 어떤 一物은 아니지만, 만물을 생성하는 근본이며 온갖 변화의 중심축으로 만물과 함께 존재한다. 그렇다면 인간과 사물에 내재된 理의 모습을 朱子는 다음과 같이 서술하고 있다.

천도가 유행하여 조화로써 모든 만물을 발육하는데, 무릇 소리·색깔·모양·형상을 갖고 천지 사이에 가득 차 있는 것은 모두 사물이다. 이미 사물이 존재하면 그 사물이 되는 소이는 각각 당연의 법칙으로서 스스로가 그만둘 수 없는 것이 있다. 이 모두가 하늘이 부여한 것에서 얻은 것이므로 사람이 할 수 있는 것이 아니다. 또 지극히 간절하고 가까운 것으로 말하면 마음 곧 心이라는 것이 진실로 몸에서 주재가 된다. 그 體는 곧 인·의·예·지의 性이고 그 用은 곧 惻隱·羞惡·恭敬·是非의 情이다. 혼연히 가운데 있고 느낌에 따라 응하여 각각 주관하는 바가 있으므로 낙잡해지지 않는다. 다음으로 몸에 구비된 바에 미치면 곧 입·코·귀·눈·사지의 작용이 있고, 또 다음으로 몸에 접한 바에 미치면 곧 君臣·父子·夫婦·長幼·朋友의 떳떳함이 있다. 이 모두 당연한 법칙이 있어 스스로가 그만둘 수 없는 것이 있으니 이것이 이른바 理이다. 밖으로 다른 사람의 경우를 보더라도 다른 사람의 理는 자기 자신과 다르지 않고 더 나아가서 사물의 경우를 보더라도 사물의 理는 사람과 다르지 않다. 극대화하면 천지의 운행과 고금의 변화도 이에서 벗어날 수 없고, 극소화하면 티끌같이 미세한 것이나 한 번 숨 쉬는 동안 짧은 순간도 이를 빼뜨릴 수 없다.[227]

하늘이 유행하여 만물을 기르는데 만물에는 만물이 존재하는 까닭이 있다. 그 까닭을 理라고 한다. 理의 내용으로는 사람에게 부여된 仁義禮智의 性과 惻隱·羞惡·恭敬·是非의 情이 있다. 이 性과 情이 마음에 의해 통합되어 표출되고 있다. 그리고 마음은 몸과 떨어질 수 없기 때문에 마음의 성과 정이 몸의 감각기관을 통하여 작용하고 있다. 그것을 주자는 몸에 구비된 바에 미치면 곧 입·코·귀·눈·사지의 작용이 있다고 했다. 그리고 몸과 마음을 가진 인간이 서로 관계를 맺다 보면 가장 효율적인 원칙이 필요하다. 이것을 주자는 군신·부자·부부·장유·붕우의 떳떳함이라고 했다. 구체적으로 설명하면 군신 간에는 義·부자간에는 親·부부간에는 別·장유 간에는 序·붕우 간에는 信이 있다. 그리고 이것은 다른 사람에게도 똑같이 확인되고 사물에게도 똑같이 확인할 수 있다.

이와 같이 理는 만물을 초월하면서 만물에 내재해 있는 것이다. 만물의 형체는 氣로 구성되어 있기 때문에 理는 氣를 초월하면서도 氣에 내재해 있는 것이라고 할 수 있다. 그래서 주자는 理와 氣의 관계를 다음과 같이 말하고 있다.

---

227) 『大學或問』 17쪽 "天道流行 造化發育 凡有聲色貌象 而盈於天地之間者 皆物也 旣有是物 則其所以爲是物者 莫不各有當然之則 而自不容已 是皆得於天之所賦 而非人之所能爲也 今且以其至切而近者言之 心之爲物 實主於身 其體則有仁義禮智之性 其用則有惻隱羞惡恭敬是非之情 渾然在中 隨感而應 各有攸主 而不可亂也 次而及於身之所具 則有口鼻耳目四肢之用 又次而及於身之所接 則有君臣父子夫婦長幼朋友之常 是皆必有當然之則 而自不容已 所謂理也 外而至於人 則人之理不異於己也 遠而至於物 則物之理 不異於人也 極其大則天地之運古今之變 不能外也 盡於小 則一塵之微一息之頃 不能遺也".

천하에 理 없는 氣가 존재하지 않고 또 氣 없는 理가 존재하지
않는다.[228]

이미 理가 있으면 氣가 있고 이미 氣가 있으면 理 또한 氣의
가운데에 있다.[229]

理는 별도의 하나의 물건이 되는 것이 아니라 氣의 가운데 존
재하니 氣가 없으면 理 또한 매달려 놓일 곳이 없다.[230]

이에 따르면 理가 없는 氣는 없고 氣가 없는 理도 존재하지 않
으며, 理가 있으면 반드시 氣가 있고 氣가 있으면 반드시 理가 있
다. 즉 理는 氣에 내재해 있고 따라서 理는 氣를 떠나 있는 독립
존재가 아님을 알 수 있다.[231]
　이와 같이 理는 氣에 내재한다. 그렇다고 둘이 하나인 것은 아
니다. 주자는 둘은 결코 섞일 수 없다고 한다.

천지 사이에는 理가 있고 氣가 있다. 理는 형이상의 道이며 사물
을 생하는 근본이다. 氣는 형이하의 氣이고 사물을 생하는 도구이
다. 그러므로 사람과 사물이 생할 때 반드시 理를 품부 받은 연후
에 性이 있고 반드시 氣를 품부 받은 연후에 形이 있다. 그 性과 그

---

228) 『朱子語類』 卷1 "天下未有無理之氣 亦有無氣之理".
229) 『朱子語類』 卷94 "旣有理 便有氣 旣有氣 則理又在氣之中".
230) 『朱子語類』 卷1 "理又非別爲一物 旣存乎是氣之中 無是氣 則是理 亦
　　無掛搭處".
231) 내민호 지음, 이형성 옮김, 『범주로 보는 주자학』, 예문서원, 1997,
　　pp.139-140 참조.

形이 한 몸에서 벗어나지 않는다고 말하더라도 道와 氣 사이에는
구별이 아주 분명하여 어지러이 섞일 수 없다.[232]

理는 형이상의 道이고 사물을 낳는 근본이며, 氣는 형이하의 氣
이고, 사물을 낳는 그릇이라고 하고 있다. 즉 氣에 의해서 만물을
낳기는 하지만 단지 氣만으로는 사물의 존재를 설명할 수 없는 부
분이 있다. 그 부분을 理로서 언급하고 있는 것이다. 그렇다면 氣
로서 설명 안 되는 사물의 존재 부분은 무엇일까? 氣가 존재의 전
부라면 사물의 형상이 사라지면 사물의 존재의 의미는 사라지게
된다. 氣가 사라진 뒤에도 무엇인가 있어야 존재가 사라진 것에
대한 허무감을 극복할 수 있을 것이다. 그래서 理가 필요하게 되
는 것이다. 그래서 주자는 理를 不生不滅이라고 하였다.[233] 氣는
사라지지만 理는 영원한 것이다. 그래서 理와 氣는 분명히 다른
차원의 것임을 알 수 있다.

그리고 주자는 性과 形을 나누어 설명하면서 性은 理에서 왔고
形은 氣에서 왔다고 서술하고 있다. 문제가 되는 것은 다음과 같
다. 사람의 본성은 善하다고 했는데 그렇다면 현실 사회에서 나타
나는 惡은 어디에서 온 것인가? 이 惡의 근거를 찾기 위해서 理와
분리된 氣를 가지고 설명한다. 성리학자들은 理의 측면을 둘로 나

---

232) 『朱子大全』 卷58 "天地之間 有理有氣 理也者 形而上之道也 生物之
本也 氣也者 形而下之氣也 生物之具也 是以 人物之生 必稟此理 然
後有性 必稟此氣 然後有形 其性其形 雖不外乎一身 然其道器之間 分
際甚明 不可亂也".
233) 『朱子語類』 卷126 "儒子 以理爲不生不滅 釋氏 以神識爲不生不滅".

눈다. 氣와 전혀 관계가 없는 순수한 善인 本然之性과 氣와 관련
이 있고 惡으로 흐를 경향성을 가지고 있는 氣質之性이다. 이 氣
質之性은 바로 사람의 몸이 가지고 있는 감각기관과 밀접하게 연
관되어 있기 때문에 조금이라도 소홀하게 다루면 욕심으로 기울어
질 가능성이 높다. 그래서 사람의 몸과 본성은 크게 보면 하나라
고 할 수 있지만 그 속성은 완전히 다른 것임을 알 수 있다. 이와
같이 理와 氣의 관계를 세밀하게 분석하여 순수한 性인 理를 다시
회복하기 위해서 惡의 경향성을 가지고 있는 氣質을 단련하는 것
이 다름 아닌 공부의 과정이다.

주자 궁리공부의 내용을 서술하기 전에 궁리공부의 이론적 근거
에 대해서 먼저 서술하면 다음과 같다.

### 1) 理一分殊와 窮理

理一分殊는 程頤(1033-1107)가 『西銘』에 관한 楊時(1053-1135)
의 의문에 답변하던 과정에서 제기된 명제이다. 楊時는 『西銘』에는
墨家의 兼愛說과 혼동될 만한 내용이 담겨 있다고 의심하였다. 이에
대하여 程頤는 "『西銘』에서는 理는 하나인데 그 직분이 나뉘어 다
르게 된 점을 밝혔다. 그러나 묵지의 겸애설은 근본이 둘이면서도
나뉨이 없다. 직분이 나뉘어 다르게 된다는 주장의 병폐는 사사로움
이 강해져 仁을 잃어버리게 된다는 점이고 나뉨이 없다는 주장의
병폐는 겸애하면서도 義가 없다는 점이나"[234]라고 답변하였다.

정이가 답변과정에서 제시한 理一分殊의 명제는 상이한 대상에 대해 한 개인이 담당하는 의무가 달라지는 점을 『西銘』의 만물일체설이 결코 배척하지 않았음을 강조함과 아울러 일반적인 도덕원리는 서로 다른 구체적 규범으로 표현될 수 있으며 서로 다른 구체적 규범에는 공통적인 도덕원리가 함유되어 있다는 사상을 강조하고 있다.[235] 주자는 정이의 이러한 사상을 계승하여 理一分殊를 다음과 같이 말한다.

乾으로 아버지를 삼고 坤으로 어머니를 삼는 것은 생명이 있는 것들로서 그러지 아니한 것이 없으니 이른바 '理一'이다. 그러나 사람과 사물이 생길 때 혈맥이 있는 무리들이 각각 그 어버이를 어버이로 하고 각각 그 자식을 자식으로 하면 또한 그 分이 어찌 다르지 않을 수 있겠는가?[236]

乾을 아버지로 삼고 坤을 어머니로 삼음은 생명이 있는 것들에게 공통된 바로서 예외가 없다. 그것이 '理一'이다. 생명이 있는 것은 각각 혈맥이 통하는 무리끼리 그 어버이를 어버이로 삼고 그 자식을 자식으로 삼는다. 그렇다면 자기 자신과 다른 사람 사이에 親疎의 차이가 생긴다. 따라서 다른 사람의 어버이를 대하거나 자식을 대할 때는 원래 자기의 어버이와 자식을 대할 때와 차등이 생긴다.

---

234) 『二程集』, 「答楊時論西銘書」, "西銘明理一而分殊 墨氏則二本而無分分殊之蔽 私勝而失仁 無分之罪 兼愛而無義".

235) 진래 지음, 안재호 옮김, 『송명성리학』, 예문서원, 1997, p.246 참조.

236) 『朱子大全』 卷2 "以乾爲父 以坤爲母 有生之類 無物不然 所謂理一也 而人物之生 血脈之屬 各親其親 各子其子 則其分 亦安得而不殊哉?"

理一이라고 하는 것은 理의 일관성·공통성·보편성이고 分殊라
고 하는 것은 사물 각각의 신분과 역할에서 차이가 생김을 말한
다.[237] 주자는 신분에 따른 역할의 차이가 생기는 것을 사람의 도
리를 가지고 비유한다.

  지위가 다르면 그 도리의 적용이 같을 수 없다. 예를 들어 임금
  이라면 마땅히 백성을 사랑해야 하고 신하라면 마땅히 공경해야 하
  며 자식이라면 마땅히 효도해야 하고 아버지라면 마땅히 인자해야
  한다. 모든 사물은 각기 이러한 도리를 갖는데 사물마다 그 적용은
  다르다. 그렇더라도 모두 하나의 도리의 유행 아님이 없다.[238]

  임금의 입장에서 하는 행동원리와 신하의 입장에서 하는 행동원
리는 다를 수밖에 없다. 그러나 그 다른 도덕 행동원리에는 통일
적인 보편원리가 포함되어 있음을 말하고 있다. 서로 역할이 다른
데 통일적인 보편원리가 포함되어 있다는 것을 어떻게 설명할 수
있을까? 주자는 그 근거에 대해 달의 비유로 설명하고 있다.

  본래는 하나의 태극일 따름인데 만물은 각기 그것을 부여받아
  하나의 태극을 온전하게 갖추게 된다. 예를 들어 달은 하늘에 하나
  만 있을 뿐이다. 세상 도처에 그것이 분산되어 있고 어디서든지 그
  달을 볼 수 있다고 해서 달이 나뉘어져 있다고 말할 수 없다.[239]

---

237) 대빈호 지음, 이형성 옮김, 『범주로 보는 주자학』, p.149.
238) 『朱子語類』卷18 "所居之位不同 則其理之用不一 如爲君須仁 爲臣須
　　敬 爲子須孝 爲父須慈 物物各具此理 而物物各異其用 然莫非一理之
　　流行也".

하나의 태극이 나뉘어져 만물에 부여되는데 부여된 태극은 일부분이 아니고 본래의 태극과 똑 같다는 것이다. 임금과 신하의 역할 담당은 다르게 나타나지만 그 작용의 이면에는 똑같은 원리가 존재하는 것이다. 달을 세상 도처에서 볼 수 있는데 처한 장소마다 다르게 보인다고 해서 부분적으로 나뉘어져 분산된 것이 아니고 온전한 달 자체가 도처에 분산된 것이다.

이러한 관계를 두고 "만물 전체도 하나의 태극이요 각각의 사물도 하나의 태극이다."(統體一太極 物物一太極)라고 말한다. 하나의 사물은 하나의 태극을 지니는데 이것이 바로 分殊이다. 따라서 性理의 의미에서 볼 때 '理一分殊'는 우주의 본체인 태극과 만물의 性 간의 관계를 뜻한다. 전체적으로 볼 때 우주만물의 본체는 하나의 태극일 따름이며 각각의 사물도 그 본체인 태극과 완전히 동일한 태극을 포함하면서 그것을 자신의 본성으로 삼는다.[240] 그러므로 사물에 내재해 있는 이치를 窮究하는 것은 결국은 理一을 알려고 하는 것임을 알 수 있다. 그래서 理一分殊가 格物致知의 이론적 배경이 되는 것이다.

## 2) 性卽理와 窮理

格物致知 補亡章에서 주자는 나의 앎을 이루기 위해서는 사물에

239) 『朱子語類』 卷94 "本只是一太極 而萬物各有稟受 又自各全具一太極爾 如月在天 只一而已 及散在江湖 則隨處而見 不可謂月已分也".
240) 진래 지음, 안재호 옮김, 『송명성리학』, p.249.

접하여 그 이치를 궁구하여야 한다고 하였다. 왜 주자는 자신의 앎을 이루기 위해서 자신의 내면으로 들어가서 궁구하라고 하지 않고 바깥 사물에 나아가 사물에 있는 이치를 궁구하라고 했을까? 이것은 내면으로 들어가서 이치를 궁구하면 어떤 문제가 발생하기 때문에 다른 방법을 제시한 것이 아닐까라고 생각할 수 있다. 그렇다면 내면으로 들어가서 이치를 궁구하면 어떤 문제가 발생할 것인가? 주자가 불교의 폐단을 지적하는 글에 잘 드러난다.

　　불·노의 학으로 말하면 그들은 장점이 없는 것이 아니다. 다만 그늘은 하나의 길을 알 뿐이어서 그들의 지혜가 미치는 곳에서는 노선이 아주 분명하여 틀림이 없다. 그러나 그들의 지혜가 미치지 않는 곳에서는 모두 뒤집어지고 뒤엉켜서 옳은 곳이 없다. 이는 格物의 공부가 없는 데서 연유한다.[241]

주자는 불교와 노자를 비판하면서 그들의 지혜가 미치지 않는 부분에서는 옳은 곳이 없는데 그 이유는 격물의 공부가 없기 때문이라고 한다. 주자도 내면으로만 들어서 궁구하면 바깥 사물의 이치에 대해서는 아무것도 아는 것이 없기 때문에 불교와 다를 것이 없게 되어 버린다고 하였다. 즉 주자가 바깥 사물의 이치를 연구하라고 한 이유에 대해서 아라끼겐고는 "인간 존재를 둘러싼 모든 사태는 각 주체를 중심으로 각양각색의 층과 거리로 겹치고 뒤

---

241) 『朱子語類』 卷15 "如佛老之學 它非無長處 但它只知得一路 其之之所以及者 則路逕甚明 無有差錯 其知所不及處 則皆顛倒錯亂 無有是處 緣無格物工夫也".

섞여 있어서 '본근'을 발판으로 삼는 단조로운 기백이나 직각력만
으로 처리하기에는 너무도 복잡하고 다면적이다. 이 증층성·다면
성에 적절하게 응대해 가기 위해서는 각각의 사태나 각각의 형세
에 따른 질서와 상대적 관계 법식을 끝까지 궁구해 가지 않으면
안 된다."[242]라고 하였다.

내면에 대한 이치의 궁구로는 복잡한 현실의 문제를 해결할 수
없기 때문에 주자는 사물에 나아가서 사물의 이치를 연구하라고
한 것이다. 이제 남은 문제는 사물의 이치를 궁구하는 것이 어떻
게 내면의 이치를 궁구하는 것이 되는가 하는 것이다. 이에 대해
주자는 다음과 같이 언급한다.

　　"『혹문』에 '마음이 비록 일신의 주재이지만 그 체의 허령함은
　　천하의 이치를 관섭할 수 있고 理는 비록 만물에 흩어져 있지만
　　그 用의 미묘함은 실제로 한 사람의 마음에서 벗어나지 않는다'라
　　고 하였는데 마음의 운용을 알지 못하겠습니다." 이에 대하여 다
　　음과 같이 답변하였다. "理에는 반드시 用이 있다. 어찌 반드시
　　이 마음의 用을 말한 것이겠는가? 무릇 마음의 體는 이 理를 구
　　비하고 있으며 理는 해당되지 않는 것이 없으니 한 사물에도 있
　　지 않은 것이 없다. 그러나 그 用은 실제로 사람의 마음을 벗어나
　　지 않는다. 대개 理는 비록 사물에 있지만 用은 실제로 마음에 있
　　다. 또한 理는 천지 만물 간에 두루 퍼져 있으나 마음이 그것을
　　관섭한다. 마음이 그것을 관섭하면 그 用은 실제로 이 마음을 벗
　　어나지 않으니 그렇다면 理의 體는 사물에 있으나 그 用은 마음
　　에 있게 된다." 다음날 아침 선생은 다음과 같이 말하였다. "이것

242) 아라끼겐꼬 지음, 심경호 옮김, 『불교와 유교』, 2000, 예문서원, p.278.

은 자신을 주로 삼고 사물을 객체로 삼았기 때문에 이렇게 말한
것이다. 요약하자면 理는 사물에도 나 자신에게도 있으니 단지 동
일할 따름이다."[243]

여기에서 주자가 주장하고자 하는 것은 이 세상의 모든 이치가
인간의 마음에 구비되어 있으므로 인간의 마음을 온전히 실현할
수 있게 되면 모든 사물의 이치를 알 수 있게 된다는 측면과, 사
물에 있는 이치와 나 자신에 있는 이치는 모두 동일한 것이므로
格物의 주장과 자신의 마음을 주로 한다는 측면이 결코 서로 모순
되는 존재기 아니라고 덧붙어서 설명하고 있는 것이다.[244]

그러므로 주자에게 있어서 사물의 이치를 궁구하는 것이 곧 내
면의 이치를 궁구하는 것이 된다. 그리고 性과 理의 관계에 대해
朱子는 다음과 같이 말한다.

> 본성은 마음이 가지고 있는 이치이며, 마음은 이치가 모이는
> 곳이다.[245]

---

243) 『朱子語類』 卷18 "問或問云心雖主乎一身 而其體之虛靈 足以管乎天
下之理 理雖散在萬物 而其用之微妙 實不外乎一人之心 不知用是心之
用否 口理以有用 何以又證是心之用 夫心之體具乎是理 而理則無所不
該 而無一物不在 然其用實不外乎人心 蓋理雖在物 而用實在心也 又
云理便在天地萬物之間 而心則管之 心旣管之 則其用實不外乎此心矣
然則理之體在物 而其用在心也 次早 先生云 此是以身爲主 以物爲客
故如此說 要之 理在物與在吾身 只一般".
244) 김미영, 「주희의 공부론 연구」, 고려대학교 석사학위논문, 1993년,
p.92 참조.
245) 『朱子語類』 卷5 "性便是心之所有之理 心便是理之所會之地".

마음속에 본성으로서의 이치가 모여 있다고 한다. 그렇다면 본
성으로서의 이치는 무엇을 가리키는 것인가? 주자는 본성으로서의
이치를 仁義禮智라고 한다.

　　사람이 태어나는 측면에서 말하면 진실로 먼저 도리를 부여받
　　게 된다. 그러나 수많은 도리가 생기자마자 모두 마음속에 갖춰진
　　다. 예컨대 인자함과 의로움은 본디 본성이기 때문에 맹자는 인자
　　하고 의로운 마음이라고 말했고 가슴아파하고 부끄러워하고 싫어
　　하는 것은 곧 감정이기 때문에 맹자는 가슴아파하는 마음, 부끄러
　　워하는 마음이라고 말했다. 생각건대 본성은 마음의 이치이고 감
　　정은 본성의 작용이다.246)

　　사람은 도리를 부여받아 마음속에 간직하는데 간직한 것을 마음
의 이치라 하고 그 내용을 仁·義라 하고 仁·義가 드러난 것을 惻
隱·羞惡之心이라 한다. 사람에게 있어서 본성의 내용이 仁·義·
禮·智라 하면 이것은 하늘의 질서가 그대로 인간에게로 들어온 것
이다. 다음으로 사물에 있는 이치는 어떻게 설명할 수 있을까? 주자
는 마음에 있는 이치와 사물과의 관계를 다음과 같이 말한다.

　　마음속에 간직된 것을 이치라고 말하는데 마음에서 얻으면 덕
　　이 되고 일에서 드러나면 온갖 행위가 된다.247)

---

246) 『朱子語類』 卷5 "以人之生言之 固是先得這道理 然才生這許多道理
　　却都具在心裏 且如仁義自是性 孟子則曰仁義之心 惻隱羞惡自是情 孟
　　子則曰惻隱之心 羞惡之心 蓋性卽心之理 情卽性之用".
247) 『朱子語類』 卷6 "存之於中謂理 得之於心爲德 發見於行事爲百行".

마음속에 간직된 이치가 일에서 드러나면 온갖 행위가 되는데
이 행위 속에서 이치를 발견할 수 있어야 한다. 행위 속에서 이치
를 발견하는 작업이 바로 격물치지이다. 주자는 이러한 행위를 직
분과 직분에 따른 작용을 가지고 설명한다.

> 물었다: "지난해 선생님께서 단지 하나의 도리이지만 그 직분
> 은 같지 않다고 말씀하신 것을 들었습니다. 이른바 직분이라고 말
> 하는 것은 이치는 하나이지만 그 작용이 같지 않다는 것이 아닙
> 니까? 예컨대 임금은 인자하고 신하는 공경하며 자식은 효도하고
> 부모는 자애로우며 백성들이 서로 믿고 사귀는 것과 같은 종류입
> 니다." 대답하셨다: "그 본체가 이미 같지 않지만 임금 · 신하 · 부
> 모 · 자식 · 백성들은 모두 본체이다. 인자하고 공경하며 자애롭고
> 효도하며 서로 믿는 것은 작용이다."[248]

주자는 하나의 이치가 수만 가지로 표현이 되는데 일에서 표현
이 되면 그 직분이 달라진다고 한다. 대표적으로 임금 · 신하 · 부
모 · 자식 · 백성을 예로 들고 있다. 다 같은 사람으로서 본성을 같
이하지만 그 행위의 측면에서는 달리한다. 달리하는 내용을 임금
에서는 인자함, 신하에서는 공경함, 부모에서는 자애로움, 자식에
서는 효도함, 백성에서는 믿음을 예로 들고 있다. 위와 같은 것이
행위 속에서 드러나므로 이것을 끝까지 궁구하면 그 속에서 본성
의 이치를 확인할 수 있다.

---

248) 『朱子語類』 卷6 "問: 去歲聞先生曰 只是一箇道理 其分不同 所謂分者
　　　　莫只是理一而其用不同? 如君之仁 臣之敬 子之孝 父之慈 與國人交之
　　　　信之類是也 曰: 其體已略不同 君臣父子國人是體 仁敬慈孝與信是用".

## 2. 格物致知의 過程

### 1) 事物之理의 探究

宋代 新儒學的 修養 方法인 敬工夫란 육체적인 氣質에 근거하여 발생하는 개인적 欲望을 잘 다스려 本性의 理致에 따르도록 善意志를 길러 나가는 것이다. 개인적인 욕망을 본성의 이치에 따르도록 하려면 먼저 본성의 이치를 직접 알아야 한다. 未發氣象體認說과 已發察識端倪說을 체험하는 오랜 세월의 지적편력을 차례로 경험한 주희는 이치 체득의 방법과 인격 수양의 방법은 格物窮理와 居敬涵養뿐이라는 결론에 도달한다.

格物窮理는 개개 사물과 개인의 행위를 대상으로 '存在原理'와 '當爲法則'들을 끝까지 추적하여 알아내려는 지적활동이다. 居敬涵養은 마음을 한결같이 통일하여 마음속에 갖추어져 있는 도덕적 本性(天理)을 체인하며 실제의 일상생활에서도 항상 이러한 도덕적 본성에 따라 感情이 발현될 수 있도록 경건하고도 진지한 마음가짐을 유지하는 德性工夫이다.[249]

이 둘의 관계를 주자는 사람의 두 발의 관계에 비유하고 있다.

> 학자의 工夫는 오직 居敬窮理에 있다. 이 두 일은 서로 드러난다.
> 窮理工夫를 잘하면 居敬工夫가 날로 더욱 발전이 있고 居敬工夫를

---

249) 김수청, 「朱熹의 敬 思想 硏究」, 동아대학교 박사학위논문, 1994, pp.146-147 참조.

잘하면 窮理工夫가 날로 더욱 정밀해진다. 사람의 두 발에 비유할
수 있는데 왼쪽 발이 나아가면 오른쪽 발은 멈추고 오른쪽 발이 나
아가면 왼쪽 발이 멈추어 있는 것과 같다.[250]

居敬工夫와 窮理工夫의 상호관계를 주자는 窮理工夫를 잘하면
居敬工夫가 날로 발전이 있고, 居敬工夫를 잘하면 窮理工夫가 더
욱 정밀해진다고 하였다. 이것은 어느 한 측면을 소홀히 취급해서
는 공부가 제대로 되지 않는다는 것을 의미한다. 궁리공부를 통해
서 사물의 이치를 분명하게 인식하면 내 마음도 그만큼 성장하는
것이고, 거경공부가 잘되면 마음이 항상 깨어 있기 때문에 사물의
이치를 궁구할 때 더욱 정밀하게 진행할 수 있다.

그렇다면 궁리공부도 사물의 이치를 인식하는 차원에 그치는 것
이 아니고 도덕의 본성을 체인하는 공부임을 알 수 있다. 결국 궁리
공부는 사물의 이치를 아는 것에서 시작하는 것은 틀림이 없지만
그 목적은 도덕적 본성을 체득하는 것임을 알 수 있다. 그래서 주자
는 그 탐구과정을 格物致知 補亡章에서 다음과 같이 밝히고 있다.

근간에 시험 삼아 가만히 정자의 뜻을 취하여 보충하기를 다음
과 같이 하였다. 이른바 지혜를 이룸이 사물을 접하는 데 있다고
한 것은 나의 지혜를 이루고자 하는 것은 사물에 접하여 그 이치
를 궁구함에 있음을 말하는 것이다. 대개 사람의 마음의 신령함은
지혜를 소유하지 아니함이 없고 천하의 사물은 이치를 소유하지

---

250) 『性理大全』 卷5 p.3007 "學者工夫 唯在居敬窮理 此二事互相發 能窮
理則居敬工夫日益進 能居敬則窮理工夫日益密 譬如人之兩足 左足行
則友足止 右足行則左足止".

아니함이 없으나 오직 이치에 있어서 아직 다 궁구하지 아니함이 있기 때문에 그 지혜가 다 이루어지지 아니함이 있는 것이다. 이 때문에 『大學』이 가르침을 시작함에 있어서 반드시 배우는 자로 하여금 모든 천하의 사물에 나아가서 그 이미 아는 이치로 인하여 더욱 궁구하여 그 극진한 데 이르는 것을 구하지 아니함이 없게 하는 것이니, 힘쓰는 것을 오래 하여 하루아침에 활연히 관통하는 데 이르면 모든 사물의 바깥과 속, 정밀한 것과 거친 것이 이르지 아니함이 없고 내 마음의 전체의 큰 씀이 밝지 아니한 것이 없을 것이니, 이것이 사물이 연구된다고 하는 것이며 이것이 지혜의 이루어짐이라 하는 것이다.251)

朱子 格物의 목적은 앎의 확장을 통해서 내가 본래 가지고 있었던 지혜를 완성하는 것이다. 그래서 朱子는 그 방법으로 사물에 접하여 그 이치를 궁구하면 된다고 하였다. 이것이 가능한 것은 내 마음이 신령한 지혜를 본래 가지고 있고 천하의 사물도 이치를 가지고 있기 때문이다. 즉 내 마음의 지혜가 곧 사물의 이치(理)이기 때문에 사물의 이치를 연구하는 것이 곧 내 마음의 이치를 연구하는 것이 된다. 그렇다면 나의 지혜를 이루기 위해서 사물의 이치를 연구하지 말고 내 마음의 이치를 직접 연구해도 가능한 것이 아닌가? 주자는 이에 대해서 내 마음의 이치를 직접 연구하면

---

251) 『大學章句』,「格物補傳」, "間嘗竊取程子之意 以補之曰所謂致知在格物者 言欲致吾之知 在卽物而窮其理也 蓋人心之靈 莫不有知 而天下之物 莫不有理 惟於理 有未窮故 其知有未盡也 是以 大學始敎 必使學者 卽凡天下之物 莫不因其已知之理而益窮之 以求至乎其極 至於用力之久而一旦豁然貫通焉則衆物之表裏精粗無不到而吾心之全體大用無不明矣 此謂物格 此謂知之至也".

반쪽 공부밖에 되지 않는다고 한다. 즉 내 마음을 밝힐 수는 있지만 대상 사물에 대한 공부는 결여되는 것이다. 그래서 대상 사물의 이치도 밝히고 내 마음도 밝히기 위해서 사물에 나아가 사물이 가지고 있는 이치를 연구하라고 한 것이다.

### ① 格의 意味

주자는 格物을 다음과 같이 풀이하고 있다.

> 格은 이르는 것이며, 물은 事와 같다. 〈격물은〉 궁구하여 사물의 理에 이름으로써 그 극처에 이르지 않음이 없게 하고자 함이다.[252]

주자는 여기서 이천의 견해를 받아들여 格 자를 이르다(至)로 풀이하고, 物 자에 대해서는 일과 같다고 한다. '物' 자에 대해서는 뒤에서 살펴보기로 하고, 먼저 格 자의 해석인 '이르다'의 정확한 의미에 대해서 살펴보도록 하자. 먼저 주자는 '이르디'의 의미에 대해 "格物의 格은 이르다는 것과 같다. 예를 들면 '순이 문조에 격했다'에서의 格과 같은 의미인데, 이는 문조가 있는 곳에 이르렀다는 것이다."[253]라고 말하고 있다.

여기에서 알 수 있듯이 주자는 일단 이르다는 의미를 '어떤 곳에

---

252) 『大學章句』, 「經一章 註」, "格 至也. 物 猶事也. 窮至事物之理 欲其極處無不到也".
253) 『朱子語類』 卷15 "格物 格 猶至也. 如舜格十文祖之格 是至于文祖處".

도달한다'는 의미로 해석하고 있다. 그러나 단지 도달한다는 단순한 의미를 넘어서서 핵심까지 도달한다고 하는 의미를 가지고 있다고 주자는 서술하고 있다. 그 내용을 다음의 글에서 확인할 수 있다.

> 격은 이르다는 의미이다. 말하자면, 실제로 어떤 곳까지 가는 것이다. 그것은 남검 사람이 건녕으로 간다고 할 때, 그가 반드시 그 군청까지 도달해야 이르렀다고 하고, 건양의 경계까지 도달했 다면, 그것을 이르렀다고 하지 않는 경우와 같다."254)

당시 행정 제도상 군수가 머물던 관서를 군부라고 불렀는데, 군청은 그 군부의 대청을 일컫는다. 그리고 그것은 의미상 그 지역의 핵심이다. 그러므로 군청까지 도달한다는 것은 건녕의 핵심에까지 도달한다는 의미가 된다. 그 군청까지 도달해야 이르렀다고 한다는 주자의 말이 비유하는 바는 '이르다'는 동사가 '어떤 것의 핵심에 도달하는 것'을 의미하는 것이다.

따라서 주자의 뜻대로 格物의 '格' 字를 해석하면, 格物은 '物의 핵심에 이르다'로 될 것이다. 그렇다면 物의 핵심에 이르기 위해서는 어떤 방법이 필요할까? 주자는 완전하게 궁구하라고 한다.

> 격물에서 격은 완전하게 하는 것이니, 반드시 사물의 원리를 철저하게 궁구해야 한다. 만약 2-3할 정도 궁구한다면, 그것은 아직 격물이 아니다. 반드시 10할까지 다 궁구해야 격물이다.255)

---

254)『朱子語類』卷15 "格 謂至也 所謂實行到那地頭 如南劍人往建寧 須 到得郡廳上 方是至 若只到建陽境上 卽不謂之至也".

위 글에서 적당하게 窮究하는 것은 진정한 格物이 아니라고 한다. 완전하게 窮究하는 것이 格物인 것이다. 완전하게 窮究하라는 말의 의미를 살펴보자. 外物을 완전하게 窮究하기 위해서는 먼저 내 마음을 깨어 있게 해야 한다는 것을 강조하고 있다.[256] 만약 이것이 먼저 성립되지 않으면 外物을 연구할 때 外物의 겉모습은 알 수 있을지는 몰라도 핵심에는 도달하지 못한다고 말하고 있다. 단지 마음만 깨어 있다고 해서 모든 것이 해결되는 것은 아니다. 실제 사물에 나아가서 자기가 확인한 마음의 이치가 실제 생활 속에서 어떻게 적용되고 있는지 확인해 보아야 한다. 이렇게 해야 완전한 궁리가 되는 것이다. 완전하게 이치를 알려면 천하의 이치를 모두 窮究해야 되는가? 그것은 아니다. 다음의 글에서 확인할 수 있다.

명도가 말하였다. "窮理는 반드시 천하의 이치를 모두 궁구하는 것을 말하는 것은 아니다. 또 궁구하여 한 이치를 얻으면 곧 그만두라는 말도 아니다. 다만 축적한 것이 많으면 스스로 깨닫는 곳이 있다."[257]

이치를 연구하여 깨달음을 얻으려면, 천하의 이치를 모두 연구할 필요도 없고 그렇다고 하나의 이치만 연구해서 깨달음을 얻었

---

255) 『朱子語類』 卷15 "格物者 格 盡也 須是窮盡事物之理 若是窮得三兩分 便未是格物 須是窮盡得到十分 方是格物".

256) 『朱子語類』 卷18 "若之何而窮之哉 須當察之於心 使此心之理既明 然後於物之所在從而察之 則不至於汎濫矣".

257) 『朱子語類』 卷18 "明道云 窮理者 非謂必盡窮天下之理 又非謂止窮得一理便到 但積累多後 自當脫然有悟處".

다고 해서 그만두어서도 안 된다고 한다. 반드시 이치를 연구한 것이 많이 축척된 뒤에 깨달음은 저절로 오는 것이다. 사물을 연구하는 횟수가 많아져서 때가 되면 깨달음은 찾아오는 것이라고 할 수 있다. 다음으로 物의 意味에 대해서 살펴보자.

② 物의 範圍와 意味

앞에서 살펴보았듯이 주자는 物을 일과 같다고 풀이하고, 뒤이어 '궁구하여 사물의 리(理)에 이르다'라는 格物의 해석에서 物字에 해당하는 곳에 사물(事物)이라는 용어로 대체해 쓰고 있다. 여기에서 사물이란 것은 "눈앞에 응접하는 것은 모두 物이다."[258]라고 한 것처럼 천하의 모든 사물을 말한다. 주자는 物의 존재원리를 理·氣의 차원에서 설명하고 있다.

> 천지간에 理가 있고 氣가 있다. 理는 형이상의 道요 만물을 낳는 근본이다. 氣는 형이하의 그릇이요 만물을 낳는 도구이다. 이런 이유로 사람과 사물이 생김에 반드시 理를 부여받은 후에 性이 있고 氣를 부여받은 후에 형체가 있는 것이다.[259]

주자는 사람과 사물은 모두 理와 氣로 구성되어 있다고 한다.

---

258) 『朱子語類』 卷15 "眼前凡所應接底都是物".
259) 『文集』 卷58 "天地之間有理有氣. 理也者 形而上之道也 生物之本也 氣也者 形而下之器也 生物之具也 是以人物之生必稟此理然後有性 必稟此氣然後有形".

理는 形而上의 道요 만물을 낳는 근본이고, 氣는 形而下의 그릇이요 만물을 낳는 도구이다. 그리고 理를 부여받아 性이 있게 되고 氣를 부여받아 형체가 있게 되었다. 理의 의미는 앞에서 살펴보았고 여기서는 氣에 대해서 살펴보도록 하자.

주자에 있어서 氣는 모든 자연물의 질료이다. 그래서 주희는 "천지간에는 氣 아닌 것이 없다."260)라고 말한다. 氣는 또한 모든 자연물과 자연현상의 구성요소이다. 그래서 그는 "맑은 氣는 하늘이 되고, 해와 달과 별이 된다."261) "맑고 굳센 것은 하늘이 되고, 무겁고 탁한 것은 땅이 된다."262) "서리는 곧 이슬이 응결하여 축축하게 되어 하강하는 것이다."263) "일식과 월식은 모두 음기와 양기의 쇠미함이다."264)고 하였다. 이러한 구절로 미루어 보면, 우리는 주자가 모든 자연물과 자연현상이 氣에 의해 구성된다고 생각했음을 알 수 있다. 인간 또한 氣에 의해 구성되어 있다는 점에서 예외가 아니다.

그래서 "사람은 氣가 모이면 태어나고 氣가 흩어지면 죽는다."265) 그리고 인간의 모든 정신 활동 및 신체적 행위 역시 氣의 작용으로 묘사하고 있다. "무릇 사람이 말하고, 행위하고, 생각하고, 영위하는 것은 모두 氣이다."266)

---

260) 『朱子語類』 卷3 "天地之間 無非氣".
261) 『朱子語類』 卷1 "氣之淸者 便爲天爲日月爲星辰".
262) 『朱子語類』 卷1 "淸剛者 爲天 重濁者 爲地".
263) 『朱子語類』 卷2 "霜只是露結成 雪只是雨結成".
264) 『朱子語類』 卷2 "日月食 皆是陰陽氣衰".
265) 『朱子語類』 卷39 "人 氣聚則生 氣散則死".
266) 『朱子語類』 卷4 "凡人之能言語動作思慮營爲 皆氣也".

주자는 만물의 생성도 氣로 설명하는데, "一元의 氣가 운행하고 유동하여 잠시도 쉬지 않는다. 단지 이렇게 하여 허다한 만물을 지어낼 뿐이다."[267]라고 하였다. 氣는 이와 같이 만물을 생성하면서 동시에 氣의 흐리고·밝고·두텁고·얇음에 의해서 만물을 다르게 만들어 낸다. 위와 같이 氣에 의해서 다양한 차별상을 가지고 있는 物을 주자는 인간의 일과 관련하여 다음과 같이 언급한다.

> 옷 입고, 먹고, 움직이고, 짓고, 쉬는 것과 보고 듣고 손발을 놀리는 것이 모두 物이다.[268]

> 예를 들어 경서를 읽고, 사서를 보며, 사물에 응접하면서 옳은 것을 이해하는 것이 모두 격물이다.[269]

주자가 말하는 物에는 우리의 일상적 행위도 포함되고 있으며, 경전을 보는 것, 역사책을 보는 것, 그리고 사물을 마주하는 것도 포함되어 있다. 위와 같은 범주들이 어떤 의미를 가지는 것일까? 우리는 우리의 일상적인 행위들은 소홀하게 다루기 쉽지만, 이러한 일상적인 행위를 먼저 잘 단속해야 이차적으로 마주치는 다른 일들에 있어서 내 마음의 욕심을 알아차릴 수 있다.

즉 먼저 내 몸에서 일어나는 모든 일에 대해서 자세하게 관찰해

---

267)『朱子語類』卷1 "一元之氣 運轉流通 略無停間 只是生出許多萬物而已".
268)『中庸或問』, "蓋衣食作息 視聽擧履 皆物也 其所以如此之義理準則 乃道也".
269)『朱子語類』卷15 "窮理格物 如讀經看史 應接事物 理會箇是處 皆是格物 只是常教此心存 莫教他閑沒勾當處 公且道如今不去學問時 此心頓放那處? 賀孫".

야 욕심이 들어오는 것을 막을 수 있기 때문에 일차적인 내 몸의 변화를 잘 파악하고 있어야 하는 것이다. 다음으로 경전이나 사서 읽기를 통해서 성인의 모든 행동들이 내 생활에서 법칙이 될 수 있음을 확인하고, 그리고 실제로 성인의 행동대로 닮아가려고 하는 것이다. 이것이 모두 物의 범주이다. 자연현상과 관련된 物의 범주는 주자와 제자 사이의 문답에 잘 드러난다.

> 만물의 융성과 쇠퇴, 움직임 · 곧음 · 작음 · 큼 등에 이르기까지 이것은 어떻게 사용되며 저것은 어떻게 사용되고 수레가 육지를 갈 수 있는 이유, 배가 물 위를 갈 수 있는 이유를 모두 이해해야 한다.[270]

만물의 쓰임새는 물론이고 수레가 육지를 가는 이유와 배가 물 위를 가는 이유를 모두 연구해야 한다고 한다. 그리고 여기에서 그치지 않고 자연현상의 배후까지 연구해야 한다고 한다. 物의 범위가 표면에서 내면까지 들어간 것이다.

> 하늘과 땅이 높고 깊은 이유와 鬼神의 은미함과 드러남의 이유에 대해서 질문하였다. 답하기를 "그대에게 말하겠다. 하늘은 어떻게 홀로 높은가? 대개 하늘은 다만 氣일 뿐 홀로 높은 것은 아니다. 단지 사람이 땅 위에 있어서 곧 보는 것이 이와 같이 높을 뿐이다. ……귀신의 은미함과 드러남에 대해서 살펴보면 귀는 은

---

270) 『朱子語類』 卷18 "至若萬物之榮悴與大動植小大 這底是可以如何使 那底是可以如何用 車之可以行陸 舟之可以行水 皆所當理會".

미함이 되고 신은 드러남이 된다. 鬼는 陰이고 神은 陽이다. 氣의
굽히는 것을 鬼라고 하고 氣가 단지 이와 같이 오는 것을 神이라
고 한다."271)고 하였다.

겉으로 드러난 자연현상을 연구함은 물론이고 자연현상을 존재
하게 하는 이면까지 연구하는 것도 格物의 과정임을 알 수 있다.
物의 범위가 인간현상에만 국한되는 것이 아니고 광범위하게 넓은
것임을 알 수 있다.

## 2) 吾心之理의 擴充

格物이 사물에 나아가 사물에 있는 이치를 완전하게 궁구하는
것이라면, 이제 致知의 의미에 대해서 알아보도록 하자.

### ① 致의 意味

주자는 致 자를 "극처까지 미루어 나간다"272)는 뜻으로 새기고
있다. 무엇을 어떻게 미루어 나가는지, 그 의미를 다음의 글에서
확인할 수 있다.

---

271) 『朱子語類』 卷18 "又問 天地之所以高深 鬼神之所以幽顯 曰 公且說
天是如何獨高 蓋天只是氣 非獨是高 只今人在地上 便只見如此高……
鬼神之幽顯 自今觀之 他是以鬼爲幽 以神爲顯 鬼者 陰也 神者 陽也
氣之屈者謂之鬼 氣之只管恁地來者謂之神".
272) 『朱子語類』 卷18 "致之爲言 推而致之以至於盡也".

지금처럼 반드시 그 단서에 근거해서 그것을 미루어나가 사방 팔면의 온갖 갈래들에 대해 조금도 알지 못하는 것이 없게 하고, 터럭만큼의 막힘도 없게 해야 한다. 맹자가 말한 "나에게 사단이 있음을 알고 모두 넓히고, 채워나가면, 불이 붙기 시작하고 샘이 흘러나오기 시작하는 것과 같다"는 구절에서의 '넓히고 채워 나간 다'가 바로 '致'字의 의미이다.273)

주자는 致 字의 의미를 맹자의 말을 빌려서 확충의 의미로 사용 하고 있다. 즉 四端을 확충하는 것처럼 모든 측면들에 대해서 철 저하고 완전하게 미루어 나가는 것이라고 할 수 있을 것이다. 그 렇다면 철저하게 미루어 나가다가 막혔을 경우에는 어떻게 해야 되는가? 주자는 그럴 때는 잠시 미루어 두고 다른 것을 연구하라 고 한다.

대개 이곳에서 이해가 잘 안 되는데 만약 한결같이 해서 이해하 려고 하면 도리어 어둡게 된다. 이럴 때는 모름지기 다른 일을 연 구해야 되니 이것으로 인해서 저것을 밝게 알 수도 있다.274)

---

273) 『朱子語類』 卷16 任道弟問: 致知章 前說窮理處云: 因其已知之理而 益窮之 且經文 物格 而后知至 卻是知至在後 今乃云 因其已知而益窮 之 則又在格物前 曰: 知先自有 才要去理會 便是這些知萌露 若惘然 全不向著 便是知之端未曾通 才思量著 便這箇骨子透出來 且如做些事 錯 才知道錯 便是向好門路 卻不是方始去理會箇知 只是如今須著因其 端而推致之 使四方八面 千頭萬緒 無有些不知 無有毫髮空礙 孟子所 謂: 知皆擴而充之 若火之始然 泉之始達 擴而充之 便是 致 字意思.

274) 『朱子語類』 卷18 "蓋於此處旣理會不得 若專一守在這裏 却轉昏了 須 著別窮一事 又或可以因此而明彼也".

사물을 窮究하다가 이해가 잘 안 되는 경우는 거기서 머물러서 끝까지 窮究하지 말고 다른 사물에 나아가 窮究하라고 한다. 다른 사물의 窮究를 통해서 막혔던 앞의 일이 풀리는 경우도 있기 때문이다. 이것과 성격이 조금 다르지만 類推의 방법도 있다. 忠과 孝를 가지고 類推의 개념을 설명한다.

　유추라는 것은 한 가지 일을 모두 궁구하면 그만두는 것은 아니다. 효의 경우에 효의 도리를 모두 궁구하여 얻었으면 임금의 충으로 옮겨갈 수 있으니 또한 모름지기 충을 다 궁구해야 한다. 형제·부부·붕우에 이르기까지 이를 좇아 미루어서 모두 궁구해야 비로소 얻게 된다.[275]

한 가지 일을 끝까지 궁구하되 거기서 그쳐서는 안 되고 끝까지 궁구한 내용을 기초로 다른 개념을 계속 미루어 궁구하는 것이다. 예를 들면 효의 개념을 이해했다고 해서 여기서 그만두어서는 안 된다는 것이다. 그 개념을 바탕으로 忠, 그리고 다른 개념으로 옮겨갔을 때 비로소 완벽한 개념을 얻을 수 있다는 것이다.[276] 다음으로 知에 대해서 살펴보자.

---

275)『朱子語類』卷18 "旣是敎類推 不是窮盡一事便了 且如孝 盡得箇孝底 道理 故忠可移於君 又須去盡得忠 以至於兄弟 夫婦 朋友 從此推之無 不盡窮 始得".

276)『朱子語類』卷18 "且如事親 固當盡其事之之道 若得於親時 是如何 不得於親時又當如何 以此而推之 於事君 則知得於君時 是如何 不得 於君時 又當如何 推以事長 亦是如此 自此推去 莫不皆然".

## ② 知의 意味

위 구절에서 살펴보았듯이 주자는 知를 四端이라고 했다. 그래서 致知는 결국 내가 본래 가지고 있는 四端을 확충하는 것이라고 할 수 있다. 그렇다면 知를 내가 본래 가지고 있는 것이라고 한다면 한 가지 의문점이 생기지 않을 수 없다. 본래 가지고 있다면 바로 내 마음에서 확인하고 확충하면 될 것인데, 왜 대상 사물로 나아가는 格物의 과정을 만들어 놓았을까? 바로 이것이 주자 공부의 특징이면서 문제점이 될 수도 있다.

주사 공부론의 특징은 敬공부를 통해서 놓아버린 마음을 모아서 깨어 있는 상태가 되었다 할지라도 다음 단계의 공부가 또 있다는 것이다. 마음을 모으기 위해서 경공부를 할 때는 마음의 기능인 분별하고 판단하는 것은 사용하지 않고 단지 마음이 밖으로 분산되지 않도록 마음을 관찰하면 된다. 다음 단계의 공부가 사물을 궁구하는 공부인데 이러한 과정이 필요한 이유는 객관 세계의 존재가 매우 중요하기 때문이다. 경공부를 통해서 마음을 깨어 있게 했을지라도 어떤 일을 처리하는 실제 상황에 직면했을 때, 이 공부만으로는 적절한 행동양식을 확보할 수 없다는 것이다. 그래서 일 처리를 할 때 적절한 행동양식을 확보하기 위해서는 개별 사물의 이치를 연구함으로써 그 사물이 가지고 있는 이치를 배워서 내 마음의 이치와 만나도록 해야 한다는 것이다.[277] 이러한 공부를 할 때는 마음이 가지고 있는 분별하고 판단하는 기능을 활용해야 한다. 이

---

277) 『大學或問』, "無以窮之則偏狹固滯而無以盡此心之全".

때의 知는 내가 가지고 있는 본래의 知는 아니고 본래의 知에서 밖으로 드러난 기능으로서의 知라고 할 수 있을 것이다.

다음으로 격물공부의 문제점은 내가 본래 가지고 있는 四端을 확충하려고 하는 것인데, 이것을 확충하기 위해서는 내면의 수양에만 몰두해서는 안 되고, 반드시 바깥에 있는 사물의 이치를 연구해서 나의 본래 마음과 만나도록 해야 한다는 것이다. 그런데 보통 사람들이 바깥에 있는 사물의 이치만 연구하다 보면 내 안에 있는 이치와의 거리가 멀어져 결국 내 안의 이치를 소홀히 하는 경우에 이르게 된다는 것이다.[278] 그렇다면 각 사물의 이치도 찾으면서 각 사물에의 고착을 피하고 내 존재의 본질을 확충하려면 어떻게 해야 되는가?[279] 주자는 그 결과를 활연관통이라고 하였다. 먼저 사물이 가지고 있는 이치를 깨닫고, 그 결과 마음이 밝아지는 과정을 겪은 다음에 어느 순간에 확 열리는 체험을 한다는 것이다. 이 과정을 다음 장에서 살펴보도록 하자.

### 3) 豁然貫通

#### ① 事物之理의 깨달음

지금까지 살펴본 것을 토대로 하여 格物致知의 의미를 정리해

---

278) 『朱子語類』 卷18 "曰 若不務此而徒欲汎然以觀萬物之理則吾恐其如大軍之游騎 出太遠而無所歸".

279) 아라끼겐고 지음, 심경호 옮김, 『불교와 유교』, p.384.

보면 다음과 같다. '마음을 깨어 있게 한 상태에서 이미 알고 있는 앎을 바탕으로 아직 궁구하지 못한 사물에 나아가 사물이 가지고 있는 이치를 완전히 窮究하여 마음에 이미 가지고 있는 四端의 知를 완전하게 사용할 수 있도록 확충하는 것'이라고 할 수 있다. 주자는 이 둘의 관계를 팽팽하게 긴장감 있게 다루어 모순을 없애려고 노력했지만, 그래도 앞 절에서 언급한 대로 문제가 발생할 소지를 충분히 갖고 있었다. 즉 格物의 과정을 너무 중요시하면, 마음이 대상 사물의 이치를 인식하는 데 주력한 결과 안으로 돌아오는 과정을 소홀히 해서 내면의 본성 확충을 하기 쉽지 않다는 것이다.

그렇다고 내면의 본성 확충에만 매달리면 현실에 직면했을 때 어떻게 대처해야 될지 그 방법을 알 수 없게 된다. 그래서 주자는 이 문제를 해결하기 위해 格物의 과정을 통해서 자기가 이미 가지고 있는 이치를 확충하라고 한 것이다. 그렇다면 格物의 과정을 파탄 없이 운영한 결과, 먼저 사물이 가지고 있는 이치를 깨닫는다고 하는네 그 내용을 주자는 니무를 기지고 비유한다.

문: "「大雅」에서 나무를 가지고 비유하고 있다. 나무의 뿌리는 생기(生氣)를 가지고 있다. 그러나 생기가 버리부터 꼬티까지 들고 있으니 어찌 줄기와 가지, 꽃과 잎에는 생기가 없다고 하겠는가?" 답: "진실로 그렇다. 사계절과 같다. 봄은 仁이 되는데 생의(生意)기 있고, 어름에는 형통의(亨通意)를 볼 수 있고, 가을에는 성실의(誠實意)를 볼 수 있고, 겨울에는 정고의(貞固意)를 볼 수 있지만 여름·가을·겨울에 생이(生意)가 어찌 휴식하겠는가? 구

본은 비록 쇠잔하였지만 생의는 곧 항상 있다. 무릇 하늘과 땅 사이에는 다만 하나의 理가 있지만 도달하는 곳을 따라 많은 이름으로 나뉘게 된다."[280]

계절에 따라 사물의 형상은 서로 다르게 표현되지만 그 밑을 관통하고 있는 것은 '生意'라는 것을 알 수 있다. 격물의 과정을 통해서 각 계절이 가지고 있는 서로 다른 모습, 즉 '分殊理'를 깨닫지만 결국은 '分殊理'를 탄생시킨 장본인인 '生意'를 깨닫는 것이 목적임을 알 수 있다.

이것은 자연과의 관계에서 깨닫는 것이고, 사람과 관련해서 깨닫는 내용을 살펴보면 다음과 같다.

격물은 다른 사람의 임금이 되어서는 인에 머물러야 하고, 다른 사람의 신하가 되어서는 경에 머물러야 하는 종류이다. 사물은 각각 지극한 곳을 가지고 있다. 이른바 머무른다는 것은 곧 사물이 가지고 있는 지극한 곳이다. 그러나 모름지기 그 이치를 모두 궁구해야 머무를 수 있는 땅을 가지게 된다. 만약 80%는 궁구해서 알았지만 오히려 20%를 아직 궁구하지 못했다면 또한 옳지 않다. 모름지기 모두 다 궁구해야 얻을 수 있다.[281]

---

280) 『朱子語類』 卷6 "大雅今以樹爲喩 夫樹之根固有生氣 然貫徹首尾 豈可謂幹與枝 花與葉無生氣也 曰 固然 只如四時 春爲仁 有箇生意 在夏 則見其有箇亨通意 在秋 則見其有箇誠實意 在冬 則見其有箇貞固意 在夏秋冬 生意何嘗息 本雖彫零 生意則常存 大抵天地間只一理 隨其到處 分許多名字出來".

281) 『朱子語類』 卷15 "格物是爲人君止於仁 爲人臣止於敬之類 事事物物各有箇至極之處 所謂止者 卽至極之處也 然須是極盡其理 方是可止之

격물의 과정을 통해서 사람과의 관계에서 깨달아야 하는 것은
다른 사람의 임금이 되어서는 仁해야 하고, 다른 사람의 신하가
되어서는 공경해야 된다는 것이다. 그런데 이것을 깨닫기 위해서
는 사물마다 가지고 있는 지극한 이치를 모두 궁구해야 한다는 것
을 알 수 있다. 80%는 알고 20%를 몰라도 안 된다는 언급을 통
해서 인간관계에서 仁과 敬을 완전히 실천하기가 얼마나 어려운지
알 수 있다.

이와 같이 사물과 인간관계에서 드러나는 이치를 깨달으면 마음
이 본래 가지고 있는 이치도 자연스럽게 성성하게 된다. 그럼 마
음이 가지고 있는 본래의 이치는 어떻게 변화하는지 그 내용을 살
펴보자.


② 吾心之理의 밝아짐


그러면 다음으로 사물의 이치를 깨닫는 것을 통해서 마음의 이
치는 어떻게 영향을 받는지 그 과정을 살펴보도록 하자. 이것의
구체적인 모습을 살펴보면 다음과 같다.

　세상이 사물은 이치를 가지고 있지 않은 것이 없다. 그러므로
　모든 사물에 나아가 궁구해야 한다. 옛사람은 어릴 때부터 이 과
　정을 갖추어야 한다는 것을 알았다. 예를 들면 임금을 섬기고 부
　모를 섬기는 예와 악기의 쓰임과 나아가고 물러남의 행동거지 같

---

　地 若得八分 猶有二分未盡 也不是 須是極盡 方得".

은 것을 모두 눈으로 그 일을 익히고 몸으로 그 예를 익숙하게 실천했다. 그래서 어른이 되어서는 단지 이 이치를 궁구하여 점점 천지귀신일월음양과 초목조수의 이치에 이르기까지 미쳐서 그 쓰임을 쉽게 하고자 했다. 지금 사람들은 모두 이런 종류의 예를 익히지는 않고 다만 앞선 성인이 남긴 경전에 의거해서 스스로 미루어 궁구하고자 했다. 따라서 사람들에게 격물과 주경의 공부가 함께 요구되니, 곧 이 마음을 가지고 옛사람의 도리를 체득해서 실천하면 되었다. 예컨대 부모를 섬기는 효의 경우는 자기가 이미 효도하는 이유를 알면 곧 이 효도하는 마음을 가지고 옛날 예에 의거해서 실천하면 되고, 임금을 섬기는 경은 곧 이 공경하는 마음을 가지고 성인의 경전에 설명해 놓은 예에 의거해서 실천하면 된다. 하나하나 궁구하면 자연히 관통하게 된다.[282]

위 글에서 주자는 모든 사물은 이치를 가지고 있다. 그래서 모두 궁구해야 사물의 이치를 알 수 있다. 그런데 옛사람은 임금과 부모를 섬기는 예와 사람을 대하는 행동양식을 어릴 때부터 몸으로 충분히 익히고 있었기 때문에 어른이 되어서는 단지 이치를 궁구하는 과정을 따라가서 공부하면 쉽게 사용할 수 있다. 그러나

---

282) 『朱子語類』卷15 "世間之物 無不有理 皆須格過 古人自幼便識其具 且如事君事親之禮 鐘鼓鏗鏘之節 進退揖遜之儀 皆目熟其事 躬親其禮 及其長也 不過只是窮此理 因而漸及於天地鬼神日月陰陽草木鳥獸之理 所以用工也易 今人皆無此等禮數可以講習 只靠先聖遺經自去推究 所以要人格物主敬 便將此心去體會古人道理 循而行之 如事親孝 自家既知所以孝 便將此孝心依古禮而行之 事君敬 便將此敬心依聖經所說之禮而行之 ——須要窮過 自然浹洽貫通 如論語一書 當是門人弟子記聖人言行 動容周旋 揖遜進退 至爲纖悉 如鄉黨一篇 可見當時此等禮數皆在 至孟子時則漸已放棄 如孟子一書 其說已寬 亦有但論其大理而已".

요즘 사람은 이런 공부를 어릴 때부터 익힌 적이 없으므로 몸으로 익히는 과정과 이치를 궁구하는 과정을 동시에 해야 하는 어려움이 있다. 그 방법으로 부모에게 효도를 할 경우 먼저 자기가 이미 효도하는 이유를 알면 곧 이 효도하는 마음을 가지고 경전에 나와 있는 효도하는 예에 의거해서 실천을 하면 된다. 그래서 하나하나 궁구하다 보면 자연스럽게 마음이 무르익게 되어 효도의 본질에 대해서 확 뚫리는 체험을 하게 된다고 한다.

여기서 마음이 가지고 있는 본래적인 앎과 성인이 경전 속에서 언급하고 있는 효도에 관한 禮를 하나 되게 하는 것이 격물공부의 가장 중요한 관건임을 알 수 있다. 부모에게 효도해야 한다는 것은 누구나 알고 있다. 그러나 그 방법을 자세히 알고 있는 사람은 많지 않다. 그래서 주자는 부모에게 효도해야 된다는 마음을 가지고 성인이 만들어 놓은 경전의 말씀을 궁구해서 성인의 말씀과 자신의 마음을 하나로 일치시키면 효에 관한 공부는 마치게 된다는 것이다. 그러므로 효에 관한 궁구는 결국 자신에게 본래 있는 효에 대한 마음을 확충시키는 것으로 미무리된다는 것을 알 수 있다. 그러나 공부하는 처음부터 바로 마음이 확충되는 것은 아니다. 주자는 그 과정을 물욕의 극복으로 언급하고 있다.

이른바 이치를 궁구한다는 것은 사물은 각각 스스로 사물의 도리를 가지고 있는데 궁구함에 모름지기 두루 궁구해야 한다는 것이다. 만약 하나는 알고, 다른 하나는 모르면 곧 모두 안 것이 아니다. 궁구했는데 아직 모르면 모름지기 간절한 마음으로 미루어 밝혀야 한다. 대개 천리는 사람에게 있어서 끝내 밝은 곳이 있다.

대학의 도는 밝은 덕을 밝히는 데 있다고 했는데 이것은 사람은 근본적으로 이 밝은 덕을 가지고 있다는 것을 말하는 것이다. 비록 물욕에 의해서 가려지게 되었지만 이 밝은 덕은 조금도 없어지지 않았다. 그래서 밝은 덕을 따라서 점점 미루어 나아가서 옳은 곳에 이르게 되면 내 마음도 또한 스스로 법칙을 가지게 된다. 이치를 궁구하는 처음에는 견고한 사물을 공격하는 것과 같이, 반드시 견고한 사물에서 들어갈 만한 틈을 찾아서 이 틈을 따라 공격하면 곧 힘을 사용하는 것이 어렵지 않게 된다. 맹자가 사단을 말했는데, 곧 각각 스스로 고삐를 갖고 있다. 인의예지는 모두 찾을 수 있는 단서를 가지고 있다. 그 드러난 실마리에 나아가 그 볼 수 있는 근본을 구한다면 궁구할 수 있는 이치 아닌 것이 없다.[283)]

주자에 의하면 사람은 모두 밝은 덕을 가지고 있지만 물욕에 의해서 밝은 덕이 가려지게 된다. 그래서 이 밝은 덕을 다시 밝히는 것이 사물의 이치를 궁구하는 목적이라고 말한다. 그 과정으로 견고한 물건을 공격할 때 그 물건의 틈을 찾아서 공격을 하는 것처럼 우리 사람의 마음에도 작은 실마리가 있다는 것이다. 그 실마리가 사단, 즉 네 가지 마음이다. 이 네 가지 마음을 통해서 본질인 인의예지를 확인할 수 있다는 것이다.

---

283) 『朱子語類』卷15 "所謂窮理者 事事物物 各自有箇事物底道理 窮之須要周盡 若見得一邊 不見一邊 便不該通 窮之未得 更須款曲推明 蓋天理在人 終有明處 大學之道 在明明德 謂人合下便有此明德 雖爲物慾掩蔽 然這些明底道理未嘗泯滅 須從明處漸漸推將去 窮到是處 吾心亦自有準則 窮理之初 如攻堅物 必尋其罅隙可入之處 乃從而擊之 則用力爲不難矣 孟子論四端 便各自有箇柄靶 仁義禮智皆有頭緒可尋 卽其所發之端 而求其可見之體 莫非可窮之理也".

이러한 마음의 이치를 탐구하고 확충하는 한 방법으로서 오늘 한 사물을 궁리하고 내일 한 사물을 窮理하는 과정을 통하여 '累積'에 이르고 그 후 마침내 '貫通'의 단계에 이르게 된다고 보았다. 주자는 이것을 '豁然貫通'이라고 한다.

이 때문에 대학을 처음 가르칠 때에는 반드시 배우는 사람들로 하여금 천하 만물에 나아가 그 이미 아는 이치로 인하여 더욱 궁구하지 않음이 없게 하였다. 그리하여 그 지극한 데에 이르기를 구하여 힘씀이 오래되면 하루아침에 활연관통하게 된다. 그리하여 만물의 겉과 속, 정미함과 거칢이 이르지 않음이 없게 되고, 내 마음의 온전한 體와 큰 쓰임이 밝아지지 않음이 없게 된다. 이러한 것을 일러 物格이라 하고 앎의 지극함이라 한다.[284]

程·朱의 설명에 근거하면 오늘 격하고 내일 격하는 공부과정을 점차로 해나가면 사상과 인식에서 일대 비약을 경험하고 활연관통에 이르게 된다는 것이다. 관통에 이르렀다는 것은 物格의 지극한 경지에 들어갔음을 표시한다. 朱子의 견해에서 보면 일정 정도 누적된 바탕 위에서 일어나는 인식적 비약은 자연스러우면서도 현실적인 것이다.[285] 그렇다면 朱子가 말하는 활연관통의 의미는 무엇일까?

---

284) 『大學章句』, "是以大學始敎 必使學者卽凡天下之物 莫不因其已知之理而益窮之 以求至乎其極 至于用力之久 而一旦豁然貫通焉 則衆物之表裏精粗無不到而吾心之全體大用無不明矣 此謂物格 此謂知之至也".
285) 진래 지음, 이종란 외 옮김, 『주희의 철학』, pp.351-352 참조.

③ 仁의 體現

마음이 깨어 있는 상황, 즉 敬의 상태에서 格物공부를 오래 하면 활연관통한다고 주자는 『大學』의 「格物補亡章」에서 서술하고 있다. 그렇다면 주자에 있어 공부의 최고 단계인 豁然貫通은 어떤 의미를 가지고 있는지 알아보자.

이강대는 『주자학의 인간학적 이해』에서 豁然貫通을 "인간의식의 주체인 心이 氣質을 변화시키는 공부를 지속적으로 하여 쌓이는 것이 많아짐으로써 저절로 툭 트이는 깨닫게 되는 경지로서, 도덕 수양의 결과물이라 말할 수 있다. 다시 말하면, 활연관통이란 일종의 계발 작용이라 할 수 있는 '격물치지'와 '거경함양'의 수양 과정을 거친 뒤에 情이 中節하게 되고 마음이 본래의 理를 인식하게 되는 致中和의 경지"[286]라고 언급하고 있다.

마지막에 언급된 '情이 中節하게 되고 마음이 본래의 理를 인식하게 되는 경지'라는 말에서 우리는 활연관통의 상태가 무엇을 추구하는지 알 수 있다. 그러나 이 설명만으로는 부족하다. 왜냐하면 격물공부의 목적이 理를 인식하는 선에서 끝나는 것이 아니고, 일상성에서의 온갖 체험들의 부조화 및 사물 상호간의 장애나 격절에 있는 이상, 그 공부가 진행됨에 따라서 활연하게 열려오는 경지는 사방팔면·천두만서에 걸쳐 조금의 막힘이나 터럭만큼의 질곡도 없는 경지여야 하기 때문이다.[287]

---

286) 이강대, 『주자학의 인간학적 이해』, p.174 참조.
287) 아라끼겐고 지음, 심경호 옮김, 『불교와 유교』, p.397.

막힘이나 질곡을 없애기 위해서는 한꺼번에 모든 것을 깨달으면 된다고 하는 禪宗의 '頓悟主義'는 적절한 방법이 될 수 없다. 선종의 경우 돈오는 환상적인 종교세계의 깨달음을 궁구하며 경험적 지식 체계에 의존하지 않고 완전히 내적으로 反觀하는 신비적 심리 체험에 의해서 이루어진다.

이에 비해 朱子의 활연관통은 천리와 구체 사물의 理를 보편과 특수의 관계로 규정한 것이다. 이러한 규정으로 말미암아 朱子의 활연관통은 비록 이론상으로 특수로부터 보편에 이르는 비약으로 설명되고 또 관통의 개념 속에 체험적 의미가 들어 있다고 하더라도 경험적 지식의 오랜 누적을 특히 강조하기 때문에 실제적으로나 윤리학적으로는 특수한 구체적 규범에서 보편적 도덕원리에 이르는 의미를 모두 아우르고 있다.[288] 그래서 朱子의 활연관통은 현실의 특수한 구체적 규범의 누적을 강조하기 때문에 실제에서 힘을 발휘할 수 있다. 그 구체적 규범의 누적의 과정을 다음과 같이 언급하고 있다.

　도의 전체는 비록 높고 크다고 해도 실제로는 미세하고 가까운 일용의 사이에 관철되지 않은 것이 없다. 만일 그 높은 것을 좋아하여 기꺼운 것을 소홀히 하고 큰 것을 사모하여 미세함을 생략한다면, 차례를 따라 경유해 가는 실질이 없이 그저 멀리 바라고 기대하는 노고가 있을 뿐 끝내 스스로 도달할 수 없다. 그러므로 성인의 敎는 따라야 할 순서가 있으니, 사람으로 하여금 지극히 가깝고 지극히 작은 것 속에서 구하도록 한다. 文으로 넓혀 講學

---

288) 진래 지음, 이종란 외 옮김, 『주희의 철학』, p.352 참조.

의 端을 열게 하고 禮로 다잡아서 그 踐履의 實을 엄하게 하며,
한 치를 얻으면 그 한 치를 지키게 하고 한 자를 얻으면 그 한
자를 지키게 한다. 이와 같이 오래도록 하여 나날이 불어나고 나
날이 더하게 되면 그런 뒤에야 비로소 도의 전체를 바라보게 되
어 식별할 수 있다. 차례를 익혀야만 할 수가 있는 것이다.[289]

주자의 입장에서는 이렇게 차례를 지키면서 공부를 해 나가야
道의 전체에 나아갈 수 있다. 그런데 과연 이렇게 차근차근 공부를
한다고 해서 전체의 道에 도달하리라는 보장은 무엇이 해 주는가?
이런 의문에 대해 아라키겐고는 "그것은 일상적 다양성(事ㆍ氣)과
본래성(理)이 원래 하나이며, 만물은 태극에 의해 지탱되어 그 마
음에 萬理를 具備하고 있기 때문이다"[290]고 하였다. 이렇게 보장
되어 있는 가운데에서 하나하나를 쌓아감으로써 豁然貫通의 경지
에 이르게 되는 것이다. 여기서 하나하나를 쌓아 감은 상대적ㆍ인
위적 성과를 私意에 맡긴 채 누적해 가는 것이 아니라, 본래적 道
理의 현실적 현현방식을 탐구하여 그것에 따라서 氣質의 障蔽를
점차 拂拭해 가는 과정이다.[291]

---

289) 아라끼겐고 지음, 심경호 옮김, 『불교와 유교』, p.403.
290) 『朱子語類』 卷18 "行夫問 萬物各具一理 而萬理同出一源 此所以可推
    而無不通也".
291) 『朱書百選』, "어찌 吾道에 致一하여 下學上達의 순서를 따라 입으
    로 외우고 마음으로 생각하고 몸소 실천하고 힘써 궁구하여 번거로
    울지언정 홀략하지 아니하고 아래일지언정 높지 아니하고 얕을지언
    정 깊지 아니하고 졸렬할지언정 교묘하지 아니하여 조용히 음미하
    고 오래도록 조금씩 나아가 衆理가 밝아지고 차례가 뚜렷해진 연후
    에 大中至正한 道와 天理人事의 전체가 이에 있음을 아는 것만 같

그러므로 '貫通'이란 것은 主體가 本來性을 각성하는 것인 동시
에 本來性이 인간 主體에서 스스로를 드러내는 것에 다름 아니다.
그것은 본래성의 자기 歸還 운동인 까닭에 종국에 가서는 不知不
識間에 저절로 체득된다. 이것을 '豁然'이라고 이름한 까닭은 氣質
의 障蔽가 제거되고 理氣의 조화가 이루어져 사방팔면으로의 明澄
한 예견이 효과를 보아, 일에 응접할 때마다 그릇되지 않는 경지
가 열려오기 때문이다.292) 즉 주자가 말하는 豁然貫通이라는 것은
是非善惡을 떠나서 있는 것이 아니고, 하늘이 내려준 常道를 굳게
지키는 속에서 열려오는 새로운 경험이라고 할 수 있을 것이다.
그러므로 거경과 궁리공부를 통해서 활연관통하면 일에 응접할 때
마다 그릇되지 않는 경지가 열린다고 했는데, 무엇이 작용하길래
일을 할 때 잘못되지 않을까? 주자는 일을 할 때 작용하는 그 내
용을 다음과 같이 서술하고 있다.

세상의 이치는 텅 빈 가운데 가득 찬 것이 존재하고 아무것도
없는 가운데 모든 것이 있다. 무릇 이치는 모든 것이 있는 가운데
깃들지만 눈으로 보거나 숫자로 셀 수는 없다. 그러나 세상의 모
든 일에는 이치가 없을 수 없다. 가령 신하가 임금을 섬길 때는
충실함의 이치가 있고 자식이 부모를 섬길 때는 효성스러움의 이
치가 있으며 몸을 움직일 때에는 공손함의 이치가 있고 말할 때
는 미더움의 이치가 있다.293)

겠습니까?"
292) 아라키게고 지음, 심경호 옮김, 『불교와 유교』, p.405.
293) 『朱子語類』 卷13 "天下之理 至虛之中 有至實者存 至無之中 有至有
者存 夫理者 寓於至有之中 而不可以目擊而指數也 然而擧天下之事

활연관통하기 전에는 사람의 마음에 아직 욕심이 있어서 사물을 마주할 때 사물의 이치대로 응대하지 못한다. 자신의 욕심대로 응하기 때문에 실수가 발생하는 것이다. 그러나 활연관통하게 되면 자신의 마음에 욕심이 없기 때문에 위의 글에 나온 내용대로 이치를 확인하고 그 이치대로 삶을 살 수 있게 된다. 그래서 사물과 만나서 대응할 때 이치대로 하기 때문에 일에 대한 실수가 거의 없게 되는 경지가 바로 활연관통의 경지라고 할 수 있을 것이다.

---

莫不有理. 且臣之事君 便有忠之理. 子之事父 便有孝之理. 目之視 便有明之理. 耳之聰 便有聰之理. 貌之動 便有恭之理. 言之發 便有忠之理".

# Ⅴ. 居敬工夫와 窮理工夫를 통한 人格完成

## 1. 居敬과 窮理의 調和

주자에 있어서 居敬은 마음이 사물과 접촉하지 않았을 때는 정 좌를 통해서 마음을 수렴하여 깨어 있게 하는 것이고, 마음이 사 물과 접촉하여 일이 있을 때는 내 몸을 엄격하게 하여 사특한 것 이 침범하지 못하게 해서 마음을 깨어 있게 하는 측면과 또 한 측 면은 마음 자체를 하나에 집중하여 다른 곳으로 도망가지 못하게 해서 깨어 있게 하는 측면이 있었다.

이와 같이 敬공부를 통해서 마음을 깨어 있게 한 다음에 하는 공부로 사물의 이치를 궁구하는 窮理공부가 있다. 이렇게 서술하 면 항상 이 둘의 공부하는 순서는 정해져 있는 것 같다. 그러나 그렇지는 않다. 사람에 따라서 그릇의 차이가 있기 때문이다. 마음 이 순수한 사람은 거경공부만 해도 사물의 이치를 알 수 있을 것 이지만 그렇지 못한 사람은 거경과 궁리공부를 병행해야 사물의 이치를 파악할 수 있을 것이다. 그러므로 이 둘의 관계는 병행해 야 하는 것이기 때문에 어느 것이 먼저 해야 되는 것이라고 단정 할 수는 없지만, 여기서는 우선 거경을 바탕으로 한 상태에서 궁 리공부를 하는 순서로 살펴보고자 한다.

주자는 이런 측면에서 居敬窮理의 관계에 대해서 다음과 같이 서술하고 있다.

경건함을 유지하는 공부는 이치를 窮究하는 工夫의 근본이다. 이
치를 밝게 窮究하는 것도 또한 마음을 기르는 데 도움이 된다.[294]

무릇 우선 여기에 몸과 마음을 거두어들이면 이미 80-90%가
이루어진 것이다. 그런 뒤에 도리를 살피다가 가로막힌 것이 있으
면 거기에서 이해하라. 학문할 때는 우선 마음을 하나로 집중해야
한다. 이 하나를 이해할 때는 우선 이 하나를 이해할 뿐이다. 걷
고 있을 때는 마음이 곧 걷는 데 있을 뿐이며, 앉아 있을 때는 마
음이 곧 앉는 데 있을 뿐이다.[295]

위 글에서 주자는 居敬工夫가 窮理工夫의 근본이라고 설명하고
있다. 무엇 때문에 居敬工夫가 窮理工夫의 근본이 되는지 그 이유
를 주자는 다음과 같이 서술하고 있다.

책을 강론했는데도 의미가 깊어지지 않을 때는 곧 근본에 힘써
야 하며 반드시 경건함을 유지해야 한다. 경건함을 유지하는 공부
는 고요함을 위주로 한다. 반드시 공부하지 않을 때 자주 몸소 살
피면 오래 시간이 지나서 저절로 익숙해진다. 단지 착실하게 스스
로 공부할 뿐이지 다른 사람의 일에는 관여하지 않는다. "인을 실
천하는 것은 자기에게 달려 있는 것이지 어찌 다른 사람에게 달
려 있겠는가?"라는 말씀이 적절하다. 더욱이 어떤 병통이 있는지
살펴보아라. 어떤 병통이 있다는 것을 알았다면 반드시 그 병통을
제거하라. 이것이 곧 병을 치료하는 약이다.[296]

---

294) 『朱子語類』卷9 "持敬是窮理之本 窮得理明 又是養心之助".
295) 『朱子語類』卷12 "大抵是且收斂得身心在這裏 便已有八九分了 却看
　　　道理有窒礙處 却於這處理會 爲學且要專一 理會這一件 便只且理會
　　　這一件 若行時 心便只在行上 坐時 心便只在坐上".

책을 강론했는데 의미가 깊어지지 않으면 근본공부에 힘쓰라고
했다. 그리고 근본공부의 내용으로 경건함을 유지하라고 한다. 여
기서 책을 강론하는 것은 다름 아닌 이치를 연구하는 窮理工夫이
다. 窮理工夫가 잘 안되면 근본공부인 居敬공부를 하라는 것이다.
그 방법으로 고요함을 위주로 해서 남의 일에 간섭하지 말고 자신
의 병통을 몸소 들여다보라고 한다. 이러한 방법의 하나로 靜坐가
있다. 그래서 주자는 하루 가운데 반나절은 정좌를 나머지 반나절
은 독서를 하는 것이 가장 좋다고 말하기도 했다.[297] 정좌공부와
관련된 주자의 언급을 살펴보자.

> 군자는 종일토록 부지런히 힘써 먹고 쉬는 동안에도 끊어짐이
> 있을 수 없다. 또한 온 종일 책만 볼 필요도 없으니 혹은 정좌하
> 여 존양하는 것도 모두 힘을 들이는 곳이다.[298]

하루 종일 쉬지 않고 공부하지만 온종일 책만 보면 공부의 능률
이 떨어질 때가 있다. 이때는 책을 접고 정좌해서 마음을 기르는
것이 또한 하나의 공부라고 하는 것이다. 마음이 모이면 다시 책
을 읽어서 이치를 연구하면 된다. 그리고 정좌공부를 하다 보면

---

296) 『朱子語類』 卷9 "文字講說得行 而意味未深者 正要本原上加功 須是
　　　持敬 持敬以靜爲主 此意須要於不做工夫時頻頻體察 久而自熟 但是著
　　　實自做工夫 不干別人事 爲仁由己 而由人乎哉 此語的當 更看有何病
　　　痛 知有此病 必去其病 此便是療之之藥".
297) 『朱子語類』 卷116 "用半日靜坐 半日讀書, 如此一二年, 何患不進".
298) 『心經附註』 卷3 "朱子曰 君子 終日乾乾 不可食息間 亦不必盡日讀
　　　書 或靜坐存養 皆是用功處".

마음이 모이지 않고 다른 생각이 일어나는 경우가 발생하는데, 이럴 경우는 어떻게 해야 되는지 주자는 그 방법을 다음과 같이 서술하고 있다.

> "정좌를 오래도록 함에 한 가지 생각이 발동함을 면하지 못하겠으니 어떻게 합니까?"라고 하니 말하기를 "또한 모름지기 한 가지 생각이 어떤 일을 하려 하는가를 살펴야 한다. 만약 좋은 일이라서 마땅히 해야 할 때에는 모름지기 가서 주관해서 하고, 혹 이 일에 대하여 헤아림이 투철하지 않다면 모름지기 헤아려 끝내도록 해야 하며, 만약 이것이 좋지 않은 일이라면 곧 하지 말아야 하니, 자신이 비로소 이와 같이 느꼈다면 이 敬이 곧 여기에 있는 것이다"라고 하였다.[299]

정좌를 하다가 생각이 일어나는 것을 어떻게 처리해야 하는가? 주자는 일어나는 생각이 어떤 성질의 것인지 파악해서 좋은 일이면 생각하고, 좋지 않은 일이면 생각하지 말고, 좋은 일인지 좋지 않은 일인지 아직 파악이 안 되면 투철하게 먼저 이해하라고 한다. 이렇게 하는 것이 곧 敬공부라고 한다. 이렇게 정좌를 해서 마음을 모아 그 다음에 이치를 궁구하는 공부를 하는 것[300]이 주자 공부법의 특징이다.

---

299) 『心經附註』 卷3 "曰 靜坐久之 一念不免發動 如何 曰 也須看一念 是要做甚麼事 若是好事當做 須去幹了 或此事 思量未透 須著思量敎了 若是不好底事 便不要做 自家纔覺得如此 這敬便在這裏".

300) 『朱子語類』 卷9 "涵養中自有窮理工夫 窮其所養之理 窮理中自有涵養工夫 養其所窮之理 兩項都不相離 纔見成兩處 便不得".

주자는 마음을 모으지 않고 도리어 책을 읽어 도리를 이해하려
는 것은 흡사 집 지을 터전도 기둥 세울 자리도 없이 집을 지으려
는 것과 같다[301]고 했다. 그리고 보면 마음을 모으는 공부가 그림
을 그리는 것에 비유하면 바탕을 그리는 것이고 이 바탕 위에 화
려하게 채색을 하는 것이 이치를 궁구하는 공부라고 할 수 있겠다.

그리고 이치를 궁구하는 공부는 하지 않고, 경공부만 하면 어떤
일이 발생하는지 다음과 같이 언급하고 있다.

> 사람이 만약 이전의 습성을 씻어내어 완전히 맑아진 뒤에 이
> 도리를 이해하려고 한다면 그것은 가능하지 않다. 단지 잃어버린
> 마음을 거두어들여서 여기에 붙잡아 둔다면 반드시 진정한 마음
> 이 드러날 것이니, 그것을 토대로 이치를 궁구하라.[302]

경공부를 통해서 이전의 습성을 완전히 제거한 뒤에 이치를 궁
구하는 공부는 불가능하다고 말하고 있다. 이것은 경공부를 어느
정도까지 해야 되는지 그 경계선을 말하고 있는 구절로 이해할 수
있다. 단지 잃어버린 마음을 거두어들여 붙잡는 수준에서 그쳐야
지 여기에서 더 앞으로 나아가 마음의 뿌리인 본성까지 보려고 해
서는 안 된다고 하고 있는 것이다.

주자는 잃어버린 마음을 거두어들여 여기에 붙잡아 두는 경계를
다음과 같이 말하고 있다.

---

301) 『朱子語類』 卷12 "若不做這工夫 却要讀書看義理 恰似要立室無基地
且無安頓室柱處".

302) 『朱子語類』 卷12 "人若要洗舊習都淨了 却去理會此道理者 無是理 只
是收放心 把持在這裏 便須有箇眞心發見 從此便去窮理".

경건함이란 무엇인가? 단지 경외하다(畏)라는 글자와 비슷하다. 죽은 듯이 망연히 앉아 귀로 아무것도 듣지 않고 눈으로 아무것도 보지 않으면서 일 처리를 전혀 살피지 않는다는 뜻이 아니다. 단지 단정하고 순일하게 몸과 마음을 거두어들여서 그와 같이 흐트러지지 않는 것이 바로 경건함이다.[303]

죽은 듯이 망연히 앉아 귀로 아무것도 듣지 않고 눈으로 아무것도 보지 않으면서 일 처리를 전혀 살피지 않는 것이 경의 상태가 아니고, 경의 상태는 순일하게 몸과 마음을 거두어들여서 흐트러지지 않게 준비하는 것이라고 할 수 있다.

다음으로 사물의 이치를 궁구하는 것도 마음을 기르는 데 도움이 된다고 하였는데 이제는 이 측면에서 공부하는 방법에 대해서 주자는 다음과 같이 서술하고 있다.

오늘날 사람들은 단지 마음을 다스리고 자신을 수양하는 것만을 말한다. 만약 이치를 깨닫지 못한다면 마음을 어떻게 다스리며 자신을 어떻게 수양하겠는가? 만약 그렇게 말한다면 자질이 좋은 사람은 수양할 수 있겠지만, 능력이 없는 사람은 자질이 좋지 않기 때문에 전혀 자신을 단속하지 못하게 된다. 부열은 "옛 교훈을 배우면 얻는 것이 있으니 일을 처리할 때 옛것을 스승으로 삼지 않고서 세대를 영원히 이어갔다는 말은 들은 적이 없습니다."라고 말했다. 옛 교훈을 무엇 때문에 그렇게 읽을 필요가 있는가? 생각하건대 성현의 말씀 속에는 모든 도리가 있으니 반드시 그것을 공부한 뒤에야 얻을 수 있기 때문이다.[304]

303) 『朱子語類』 卷12 "然敬有甚物 只如畏字相似 不是塊然兀坐 耳無聞 目無見 全不省事之謂 只收斂身心 整齊純一 不恁地放縱 便是敬".

　이치를 窮究하지 않고 마음을 모으고 자신을 수양하는 것은 자질이 뛰어난 사람은 가능하지만 자질이 좋지 않은 사람은 불가능하다. 즉 어떤 행동이 옳고 그른지 잘 모르는 사람이 마음을 깨어 있게 하기 위해서 수양을 하면 많은 시간을 소비해도 큰 진전이 없을 것이다. 이럴 경우에는 우선 무엇이 옳은 행동인지를 분명하게 알고 나면 마음을 깨어 있게 하는데 그 속도가 빠를 것이다. 그래서 이런 사람은 반드시 이치를 窮究해서 깨달아야 자신을 수양하는 데 도움이 된다고 한 것이다.

　그 예로 주자는 부열을 들고 있다. 부열은 옛 교훈을 배우면 얻는 것이 있고, 일을 처리할 때 옛것을 스승으로 삼지 않고 영원히 이어갔다는 일은 없다고 했다. 그래서 옛 교훈을 배워서 그 속에 있는 도리를 내 것으로 만들었을 때 자신의 마음에 법칙이 생긴다고 했다. 그러면 책에 있는 옛 도리를 어떻게 하면 내 것으로 소화할 수 있을까? 주자는 그 방법을 자신의 마음속에서 직접 경험해 보라고 말하고 있다.

　　사람은 다만 이 하나의 마음일 뿐이다. 오늘은 옳고 내일은 그르다고 해서 그른 마음으로 옳은 마음을 대체한 것은 아니다. 오늘은 좋지 않고 내일은 좋다고 해서 좋은 마음으로 좋지 않은 마음을 대체한 것은 아니다. 다만 이 하나의 마음일 뿐이니 하늘이

<hr>

304) 『朱子語類』 卷9 "而今人只管說治心修身 若不見這箇理 心是如何地治身是如何地修 若如此說 資質好底便養得成 只是箇無能底人 資質不好便都執縛不住了 傅說云 學於古訓乃有獲 事不師古 以克永世 匪說攸聞 古訓何消讀它做甚 蓋聖賢說出 道理都在裏 必學乎此 而後可以有得".

이치와 사사로운 욕심이 자라나거나 사라지는 상황을 살필 뿐이
다. 오래전부터 머나먼 미래까지 천지와 더불어 처음과 끝이 되는
것은 오직 이 하나의 마음이다. 책을 읽을 때도 서로 관련짓거나
증거를 끌어대는 것을 훌륭하다고 여기지 않아야 한다. 그런 일에
집착하는 것은 모두 다른 사람에게 내보이려는 마음일 뿐이다. 진
정으로 자신을 위한다면 자신의 마음으로 몸소 경험해야 한다. 성
현의 말씀이 지금 나의 마음과 서로 다르지 않다는 것을 깨닫는
것이 곧 공부이다.305)

책을 읽을 때 서로 관련짓거나 증거를 끌어대는 것을 훌륭하다고
여기는 것은 책이 가지고 있는 이치를 궁구하는 것에는 관심이 없
고 남에게 나는 아는 것이 많다는 것을 자랑하기 위한 행위에 불과
하다. 이것은 진정으로 자신의 삶에 변화를 가져오지는 못한다.

예를 들어 『論語』를 읽고 자신의 삶에 변화를 원한다면 공자의
말씀이 곧 공자의 마음에서 나왔기 때문에 공자의 마음과 나의 마
음이 다를 것이 없으므로 나도 공자와 같은 성인이 되지 못한다는
법은 없다고 생각해야 한다. 이러한 마음가짐으로 간절하게 성인
의 글을 읽어 가다 보면 성인의 글이 내 마음에 뿌리를 내리고 내
가 성인의 말씀에 의해서 살아가고 있다는 것을 알게 된다. 이렇
게 되면 내 마음은 더 이상 바깥 유혹에 흔들리지 않게 된다. 그

---

305) 『朱子語類』 卷13 "人只是此一心 今日是 明日非 不是將不是底換了是
底 今日不好 明日好 不是將好底換了不好底 只此一心 但看天理私欲
之消長如何爾 以至千載之前 千載之後 與天地相爲始終 只此一心 讀
書亦不須牽連引證以爲工. 如此面繞 皆只是爲人 若實爲己 則須是將己
心驗之 見得聖賢說底與今日此心無異 便是工夫".

러면 얼마 안 있다가 내 본래 모습을 확인하게 된다. 주자는 이것
을 "이치를 궁구하는 공부 속에 본래 함양하는 공부가 있으니 궁
구한 이치에 잠기는 것이다"[306]라고 했다.

두 가지 공부방법의 관계에 대해서 살펴보았는데 둘 중 어느 것
을 먼저 공부해야 되는지 그 순서는 분명하다.[307] 그러나 반드시
한가할 때 마음을 함양하는 공부를 하고, 그 다음에 이치를 궁구
하는 순서는 아니다. 자신이 지금 어떤 상황에 놓여져 있는지, 그
놓여진 상황을 잘 알아서 그 상황에 맞게 공부하는 것이 중요하다.
주자는 이것을 다음과 같이 말하고 있다.

> 한가할 때 근본을 기르는 것이 진정 좋지만 만약 한가할 때 기
> 른 적이 없다면 일 처리에 임했을 때 곧 근본공부를 하고 그것을
> 바탕으로 쌓아나가야 한다. 만약 한가할 때를 기다려 함양한다면
> 언제 가능하겠는가?[308]

한가할 때 마음을 함양하는 공부를 하지 못했다고 해서 다시 한
가할 때를 기다려서 마음을 함양하고 그 다음에 이치를 궁구하는
공부의 순서는 아니라고 주자는 말하고 있다. 한가할 때 마음을 함

---

306) 『朱子語類』 卷9 "窮理中自有涵養工夫 養其所窮之理"
307) 『朱子語類』 卷12 "雖然 動靜無端 亦無截然爲動爲靜之理 如人之氣
    吸則靜 呼則動 又問答之際 答則動也 止則靜矣 凡事皆然 且如涵養致
    知 亦何所始 但學者須自截從一處做去 程了 爲學莫先於致知 是知在
    先 又曰 未有致知而不在敬者 則敬也在先 從此推去 只管恁地".
308) 『朱子語類』 卷12 "平日養得根本 固善 若平日不曾養得 臨事時便做根
    本工夫 從這裏積將去 若要去討平日涵養 幾時得".

양하는 공부를 하지 못했을 때는 일 처리에 임했을 때 이치를 궁구하면서 근본공부를 하고 그것을 바탕으로 쌓아나가라고 하였다.

즉 사물의 이치를 공부해야 되는 상황인데 아직 마음이 충분히 함양되지 않았다고 해서 사물의 이치를 공부하는 것을 버리는 것은 어리석은 행동이다. 이럴 경우는 사물의 이치를 연구하면서 마음을 함양하는 과정을 밟으면 된다고 말한 것이다.

그러므로 주자에 있어서 이 둘의 관계에 대해 "거경공부가 궁리공부의 근본이라고 하면서 또 이치를 밝게 궁구하는 것도 마음을 기르는 데 도움이 된다"[309]고 했다. 그러므로 둘은 서로가 서로를 필요로 하는 꼭 없어서는 안 되는 관계임을 알 수 있다.

이 관계를 주천령은 만약 거경공부를 하지 않으면 하늘이 준 도덕양지를 보존하여 진실로 의리의 오묘함을 다할 수가 없게 되고, 그리고 궁리공부를 하지 않으면 인심에 보존된 도덕양지 또한 스스로 밝히지 못한 것과 같아서 효용을 발휘할 수가 없다[310]고 했다.


## 2. 心과 身의 調和

일이 없을 때 마음을 깨어 있게 하는 靜坐工夫가 있고, 일이 있을 때 마음을 깨어 있게 하는 持敬工夫가 있다. 물론 두 공부의 목적은 모두 마음이 다른 대상에 의해서 지금 있는 이 자리에서

---

309) 『朱子語類』 卷9 "持敬是窮理之本 窮得理明 又是養心之助".
310) 주천령, 『주자도덕철학연구』, p.258.

옮겨가지 않도록 하는 것이다. 정좌공부를 할 때나 지경공부를 할
때 처음부터 마음을 지금 이 자리에 있도록 하기가 쉽지는 않다.
지금까지 해왔던 습관에 의해서 마음은 평소에 추구하던 욕심을
따라서 옮겨 가버린다. 이런 상태를 몸과 마음이 분리된 상태라고
할 수 있을 것이다. 이런 경우에 놓아버린 마음을 다시 몸 안으로
불러들이기 위해서는 마음을 어떤 한 대상에 고정시켜 그 대상을
바라보게 하거나 그 대상만 생각하게 하면 마음은 달아나지 않을
것이다. 이렇게 되면 마음 가는 데 몸이 있고 몸 가는 데 마음이
있게 된다. 그 방법으로 몇 가지 예를 들면 다음과 같다.

> 옛날 임애헌이 임안에 있을 때 어떤 승려를 만나서 대화한 적
> 이 있다. 그 승려는 드나들 때 항상 삿갓을 머리에 써서 일찍이
> 삿갓의 그림자 밖을 쳐다본 적이 없었다.[311]

이 승려는 삿갓을 머리에 쓰고, 외부 다른 대상을 자신의 감각
기관과 차단시켜서 자신의 마음을 붙잡는 방법을 선택했다. 그리
고 몸의 태도를 단속하는 방법도 있다.

> 잎이 있을 때는 시동처럼 하고, 서 있을 때는 재계하는 것처럼
> 한다. 고개는 꼿꼿하고, 눈빛은 단정하며, 걸음걸이는 무게가 있고,
> 손놀림은 공손하며, 입 모양은 조용하고, 기상은 엄숙한 것이 모
> 두 경거함의 절목이다.[312]

---

311) 『朱子語類』 卷12 "昔林艾軒在臨安 曾見 僧與話說 此僧出入常頂一
　　　笠 眼視不曾出笠影外".

208

몸을 함부로 사용하지 않음으로 해서, 내 마음을 깨어 있게 하는 방법이다. 이와 같이 뚜렷한 대상을 가지고 마음을 깨어 있게 하는 방법도 있지만, 뚜렷한 대상 없이 마음을 깨어 있게 하는 방법도 있다. 그 내용은 다음과 같다.

채원사가 물었다. "경건함을 유지할 때는 산만하기 쉬운데 어떻게 해야 합니까?" 말씀하셨다. "단지 환기시키기만 하면 곧 여기에 있게 된다."313)

이 방법은 특정한 대상을 지적해서 마음을 깨어 있게 하는 방법은 아니고, 바로 직접 마음을 불러 환기시키는 방법이다. 이것은 어느 정도 경공부가 된 사람에게는 쉬운 방법일 수 있지만, 초보자에게는 대상이 뚜렷하게 보이지 않으므로 다소 어려운 방법이라고 할 수 있다. 다음으로 경공부를 통해서 몸과 마음이 하나가 되면 어떤 이로운 점이 있는지 살펴보자.

사람이 경건함을 간직할 수 있으면 나의 마음은 담연해지고 하늘의 이치는 찬란해져서, 조금도 힘쓸 필요가 없으면서도 또한 조금도 힘쓰지 않는 것이 없다.314)

---

312) 『朱子語類』 卷12 "坐如尸 立如齊 頭容直 目容端 足容重 手容恭 口容止 氣容肅 皆敬之目也".
313) 『朱子語類』 卷12 "元思問 持敬易散漫 如何 曰 只喚著 便在此".
314) 『朱子語類』 卷12 "人能存得敬 則吾心湛然 天理粲然 無一分著力處 亦無一分不著力處".

경공부를 해서 마음이 깨어 있게 되면 마음에 욕심이 남아 있을
자리가 없다. 그래서 하늘의 이치가 찬란하게 빛나게 된다. 그리고
찬란한 하늘의 이치대로 일을 처리하면 모든 일이 알맞게 처리되
기 때문에 되지 않는 일이 없을 것이다. 이것을 힘을 별로 들이지
않아도 되지 않는 일이 없다고 한 것이다. 그리고 경건함은 나를
온갖 유혹으로부터 지켜주는 버팀목 역할을 한다.

> 경건함은 사람을 지탱해 주는 어떤 것이다. 사람이 방자하고 태
> 만할 때 경건함을 유지한다면 곧바로 이 마음을 지탱할 수 있다.
> 언제나 그와 같을 수 있다면, 비록 방탕하고 편벽되며 사특하고 사
> 치스러운 생각이 싹트더라도 역시 물리칠 수 있다.[315]

경건함으로 마음이 채워지면 방탕하고 사특한 마음이 들어올 틈이
없는 것이다. 설사 방심하는 사이에 방탕하고 사특한 마음이 다시 일
어나더라도 이미 경건함으로 채워진 적이 있기 때문에 그 힘으로 방
탕하고 사특한 마음을 물리칠 수 있는 것이다. 그래서 경건함은 나를
지켜주는 버팀목인 것이다. 그런데 경건함을 유지하는 공부가 부족한
사람은 어떤 일이 일어날 수 있을까? 다음 글에서 잘 살필 수 있다.

> 매상 우리 아우와 강론하게 되면 우리 아우는 명민하여 글을
> 보는 데 힘을 들이지 않고 도리를 보는 것이 쉽고 분명하다는 것
> 을 알았습니다. 다만 음미하고 실천하는 공부가 좀 모자라는 것

---

315) 『朱子語類』 卷12 "敬是箇扶策人底物事 人當放肆怠惰時 才敬 便扶策
　　得此心起 常常會恁地 雖有些放僻邪侈意思 也退聽".

같습니다. 그래서 이 도리를 보는 것이 비록 분명한 것 같으나 도리어 자기의 몸과 마음과 관계가 없습니다. 그런 까닭으로 재미가 오래 가지 못하고 조금 지나면 곧 그만두게 되니, 오히려 느리고 둔한 사람이 공력을 많이 들여서야 보게 되고 뜻이 오래 가는 것만 못한 것입니다. 이는 본원상의 하나의 큰 병으로서 말 한마디나 한 가지 의리의 실수가 아닙니다.[316]

주자의 외사촌 아우인 정윤부에게 보내는 편지에서 '아우는 머리가 명민하여 이치를 궁구하는 공부는 잘하지만 음미하고 실천하는 공부가 모자라서 결국 이치를 밝게 보더라도 몸과 마음에 이치가 무르익지 않기 때문에 결국 오랫동안 공부하지 못하고 조금 지나면 그만두는 결과를 초래한다'고 경고하고 있다. 여기서 주자는 글공부는 잘하는데, 경건함을 유지하는 공부가 부족하면 몸과 마음이 하나가 되지 않아서 결국은 공부를 그만두게 되는 지경까지 이르게 된다고 한다. 이런 사람보다는 좀 느리기는 하지만 경공부를 통해서 몸과 마음을 일치시키는 맛을 본 사람이 마지막까지 갈 수 있는 힘을 가지고 있다고 한다.

경건함을 유지하는 공부를 통해서 몸과 마음을 깨어 있게 한 상태에서 다음에 해야 하는 공부는 이치를 궁구하는 것이다. 이 공부를 통해서 세상 사물의 이치와 내 마음 안에 있는 이치가 하나 되는 경지를 체험할 수 있다. 다음 장에서 살펴보자.

---

316) 『朱子大全』 卷41 "每與吾弟講論 覺得吾弟明敏 看文字不費力見得道理容易分明 但似少却玩味踐履工夫 故此道理雖看得相似分明 却與自家身心無干涉 所以滋味不長久 纔過了便休反不如遲鈍之人 多費工夫方看得出者 意思却久遠 此是本原上一大病非一詞一義之失也".

## 3. 主體와 對象의 調和

주자 공부론의 특징은 경건함을 유지하는 공부를 통해서 자신의
마음을 항상 지금 이 상황에 깨어 있게 한 다음에 궁리공부를 통
해서 아직 세밀하게 밝히지 못한 세상의 이치를 궁구하는 것이다.
세상의 이치를 궁구해야 할 필요성은 그 사물이 가지고 있는 고유
의 이치를 정확하게 알아야 그에 알맞게 실천할 수 있기 때문이다.
세상의 이치를 궁구하는 것이 주자철학에서 어떤 의미를 가지는
지는 주자가 선불교의 병폐를 언급하는 데서 잘 느러난다. 주자는
불교의 병폐를 다음과 같이 언급하고 있다.

보내오신 편지에서 "글을 읽으면 문장의 뜻을 따르게 되고, 이
치를 탐구하면 개인적인 의견에 빠져서 자기에게 절실한 실제의
공부가 되지 않는다"고 했는데, 저는 무슨 말인지 모르겠습니다.
세상이 쇠퇴해지고 도가 미약해지자 異論이 벌 떼처럼 일어나더
니 근래에는 佛家와 유사한 학설을 빌어서 孔孟의 실상을 어지럽
히는 것이 있습니다. 그 법은 제일 먼저 글을 읽고 이치를 궁구하
는 것을 크게 금하고 늘 학자들로 하여금 아득하여 알 수 없는
곳에 마음을 두게 하여, 요행히 히루아침에 황혼함을 홀로 본 뒤
에 알 수 있도록 하고자 합니다. 대개 그들 스스로는 알았다고 하
지만 그들의 용모와 말하는 것, 그리고 자기를 수양하고 남을 다
스리는 실제를 살펴보면 성현의 학문과 크게 차이가 납니다. 그런
데도 그대는 그 말에 미혹되어 잊을 수 없는 것이 아닙니까? 저
글을 읽음에 있어서 문장의 의미를 찾지 않고, 이치를 탐구함에

있어서 전혀 자기의 의견이 없는 것은 바로 근래 釋氏가 말하는
話頭를 본다는 것입니다. 세속의 글에 『대혜어록』이라는 것이 있
는데 설명이 매우 자세합니다. 한번 가져다 보면 그들의 내력을
알 수 있을 것입니다. 만약 儒家와 釋氏의 오묘한 경지는 본래 같
은 것이라고 한다면 저들이 은혜를 해치고 의를 해치며 풍속을
훼손시키고 가르침을 무너뜨리는 행위를 성현이 매우 불안해하던
것들에 대하여, 저들이 道를 깨닫고 나서는 마침내 그것을 덧없는
것이라고 더욱 확신하여 처신을 더욱 편안하게 합니다. 그런 것들
은 굳이 다른 데에서 구하지 않더라도 邪正과 是非가 이미 여기
에서 뚜렷하게 구별됩니다.317)


주자에게 편지를 보낸 사람의 문제는 불교의 가르침에 빠져서
유가의 실상을 어지럽히고 있다는 것이다. 불교의 가르침은 주자
식의 이치를 탐구하는 과정이 없다. 위 글에 나오는 것처럼 글을
읽고 이치를 궁구하는 것을 금하고, 황홀한 경지를 체험하여 모든
것에서 벗어나고자 하는 것이다. 설령 이러한 황홀한 깨달음의 경
지가 있다 하더라도 그들이 평소에 사람을 대하는 모습을 보면 성

---

317) 『朱子大全』 卷60 "來喩乃謂讀書逐於文義玩索墮於意見而非所以爲切
己之實則愚有所不知其說也 世衰道微異論蜂起近年以來乃有假佛釋之
似以亂孔孟之實者 其法首以讀書窮理爲大禁常欲學者 注其心於茫昧不
可知之地以僥倖一旦恍然獨見然後爲得 盖亦有自謂得之者矣而察其容
貌辭氣之間 修己治人之際乃與聖賢之學有大不相似者 左右於此無乃亦
惑其說而未能忘耶 夫讀書不求文義玩索都無意見 此正近年釋氏所謂看
話頭者 世俗書有所謂大慧語錄者其說甚詳試取一觀則其來歷見矣若曰
儒釋之妙本自一同則凡彼之所以賊恩害義傷風壞敎聖賢之所大不安者
彼旣悟道之後乃益信其爲幻妄而處之愈安則亦不待它求而邪正是非已判
然於此矣".

현의 학문과 너무 차이가 나기 때문에 주자는 이런 황홀한 깨달음
의 경지를 인정하지 않는 것이다.

그래서 주자는 먼저 경건함을 유지하는 공부를 통해서 황홀한
깨달음의 경지까지는 가지 말고, 마음을 깨어 있게 하는 상황에서
멈추고, 그 다음에 경전학습을 통해서 경전이 가지고 있는 이치를
내 마음속에 확충하는 과정을 중요시한다. 이런 과정을 거치면 대
상 사물의 이치와 내 마음속에 있는 이치가 만나게 된다. 그러면
대상 사물과 나는 더 이상 떨어진 존재가 아니라 하나의 존재가
서로 다른 삶의 방식으로 살고 있다는 것을 알게 된다. 그래서 내
가 살고 있는 현실이 문제가 없는 조화로운 세상이라는 것을 알고
이러한 것을 다른 사람에게도 가르쳐서 이 세상을 변화시키고 싶
은 욕망이 생긴다.

그러나 주자에 의하면 모든 사람이 이와 같이 되는 것은 아니다.
왜냐하면 사람은 태어날 때부터 받은 기질이 모두 다르기 때문이
다. 따라서 이러한 세상의 이치를 완전하게 알아서 알맞게 실천할
수 있는 사람은 많지 않다. 그러나 이러한 현실을 그대로 방치할
수는 없다. 그래서 먼저 이러한 세상의 이치를 깨달은 선각자들이
모든 사람이 알맞게 실천할 수 있는 항목을 만들어서, 아직 깨우
치지 못한 사람들을 가르치면 된다고 한다. 그래서 주자는 그 방
법의 하나로 제자에게 먼저 『小學』을 찬술하라고 지시한다. 『小學』
을 통해서 灑掃應待進退의 절도와 禮樂射御書數의 교양을 가르치
기에 전념한다. 그 내용은 다음의 글귀에 잘 드러난다.

214

옛사람들은 모두 소학에서 배웠기 때문에 커서는 힘이 들지 않았다. 예컨대 예절, 음악, 활쏘기, 말타기, 글쓰기, 셈하기와 같은 대강의 내용을 모두 배운다. 어른이 되었을 때도 다시 특별한 것을 배우는 것이 아니다. 단지 이치를 궁구하여 지혜롭게 되는 공부를 이해할 뿐이다. 그러나 요즘은 어릴 때부터 잘못되었기 때문에 반드시 보충해야 하는데 참으로 어려운 일이다.318)

소학은 일 처리로서, 예컨대 임금을 섬기고 부모를 섬기고 형을 섬기고 친구를 대하는 것과 같은 일 처리이니, 단지 아이들에게 그러한 법도에 따라 행동하도록 가르치는 것이다. 대학은 그 일 처리의 이치를 드러내어 밝히는 것이다.319)

옛사람들은 소학을 통해서 기본 교육을 다 배웠기 때문에 어른이 되어서도 다음 단계의 교육인 대학을 배우는 데 큰 어려움이 없었다. 그런데 지금 학생들은 소학교육을 전혀 받은 적이 없다. 그래서 다음 단계공부인 대학을 배우는 데 많은 어려움을 겪는다고 말하고 있다. 그러므로 주자는 이러한 어려움을 이기기 위해서 『小學』을 편찬하라고 한 것이다. 어릴 때부터 소학교육을 철저하게 시키면 자기 위치와 분수에 맞는 행동을 하도록 되어 있다. 그래서 자기 위치와 분수를 넘는 행동이 자기 몸에 불편을 주기 때문에 이러한 불편을 주는 행동은 하지 않는다는 것이다.

318) 『朱子語類』 卷7 "古人便都從小學中學了 所以大來都不費力 如禮樂射御書數 大綱都學了 及至長大 也更不大段學 便只理會窮理致知工夫 而今自小失了 要補塡 實是難".
319) 『朱子語類』 卷7 "小學是事 如事君事父事兄處友等事 只是敎他依此規矩做去 大學是發明此事之理".

다음으로 『家禮』를 저술하여 명분을 지키고 情을 조절하는 것을 가르쳤다. 주자는 『家禮』 서문에 다음과 같이 기록하고 있다.

무릇 禮에는 그 本이 있고 文이 있다. 집안에 시행되는 것에서 말한다면 名分을 지키는 것과 愛敬을 실천하는 것이 그 本이다. 冠婚喪祭와 儀章度數는 그 文이다. 그 本은 집안에서의 일상생활의 常禮이니 하루라도 닦지 않을 수 없다. 그 文은 또한 모두 人道의 질서를 정하는 것이다. 비록 그 행하는 데에 때가 있고 베푸는 데 장소가 있지만 그러나 강구하기를 평소에 분명히 하고 익히기를 평소에 충분히 하지 않으면 실제로 일에 임했을 때 또한 마땅함에 합치되고 절도에 응할 수가 없다. 따라서 하루라도 강구하고 익히지 않을 수 없는 것이다.[320]

여기서 주자는 禮를 만드는 이유를 두 가지로 거론하고 있다. 하나는 근본적인 것과 또 하나는 근본적인 것에서 파생된 질서를 지키기 위한 문채라고 하는 것이다. 근본적인 것은 명분을 지키는 것과 愛敬을 실천하는 것이라고 한다. 그리고 문채는 인도의 질서를 지키기 위해서 만들어진 것이라고 했다. 그리고 이것을 마땅하게 실천하기 위해서는 하루라도 공부하지 않으면 안 된다고 하였다. 이것을 보면 주자가 『家禮』를 만든 이유를 알 수 있다. 『小學』

---

320) 『朱子家禮』 序文 "凡禮 有本有文 自其施於家言之 則名分之守 愛敬之實 其本也 冠婚喪祭儀章度數者 其文也 其本者 有家日用之常禮 固不可以一日而不修 其文又皆所以紀綱人道之始終 雖其行之有時 施之有所 然非講之素明 習之素熟 則其臨事之際 亦無以合宜應節 其亦不可一日而不講且習焉者也"

을 편찬한 동기와 마찬가지로 자기 직분에 맞게 열심히 사는 것이,
가장 이상적인 사회를 만드는 지름길임을 사람들에게 제시하기 위
해서였다.

# Ⅵ. 結 論

지금까지 주자의 居敬窮理에 대해서 살펴보았다. 먼저 주자의 居敬窮理를 살펴보기 전에 선진시대 공자와 맹자의 居敬窮理를 서술했고, 唐代에서는 선불교의 좌선과 궁리, 그리고 이고의 거경궁리에 대해서 살펴보았다. 그리고 宋代의 居敬窮理는 주렴계, 장재와 정이천을 중심으로 서술했다.

먼저 공자에서 敬은 두 부분으로 나누어진다. 하나는 사람이나 사물을 대할 때의 마음가짐으로서의 敬이고, 또 하나는 자기 자신을 수양하는 것으로서의 敬이다. 사람이나 사물을 대할 때의 敬은, 『論語』 전체에 광범위하게 나오기 때문에 굳이 언급하지 않아도 될 것 같다. 그러나 자기 자신을 수양하는 것으로서의 敬은, 이 연구의 주제와 상통하기 때문에 서술할 필요성이 있다. 『論語』에 나오는 자신을 수양하는 의미의 敬은 '修己以敬', '敬而無失' 등이다. 그리고 敬에 이르기 위한 구체적 실천 덕목도 살펴보았다. 그것이 '克己復禮'와 '九思'이다.

공자에서 窮理는 '學'을 중심으로 살펴보았다. 공자는 사람이 예를 배우지 않으면 설 수 없고, 주역을 배우면 실수를 하지 않는다고 했다. 그러므로 공자에 있어서 窮理는 이전의 성현들이 기록해 놓은 책들을 궁구함으로써 사물에 대한 지식을 인식하고, 그 인식을 토대로 사물이 가지고 있는 이치대로 실천할 수 있는 힘을 마련하는 것이다.

　맹자에서 敬은 '存夜氣', '求放心', '養浩然之氣' 등에서 볼 수 있다. 특히 「浩然章」을 집중적으로 분석을 해서 敬이 어떤 의미를 가지고 있는지 살펴보았다. 맹자는 '浩然之氣'를 기르는 구체적 방법으로 '必有事焉·勿正·勿忘·勿助長'을 언급했다. 이것은 장재·정이천·주자 등도 계승하여 다양한 해석을 하고 있다. 그리고 선진시대와 송대 거경궁리공부의 큰 차이점은, 선진시대는 '靜坐' 개념은 보이지 않는다는 것이다. 그러나 송대에는 장재·정이천·정명도·소강절·주자 등 모든 학자들이 정좌의 중요성을 강조하고 있다. 이것은 불교의 영향으로 발생한 새로운 경향이다. 불교는 중국에 많은 영향을 미쳤는데, 그중에서 수양 부분에서 고요하게 앉아서 자신의 본질을 파악하는 방법인 '坐禪'이 있다. 이 좌선의 방법을 유교식으로 해석을 달리하여 만든 것이 '靜坐'이다. 정좌는 정이천→나예장→이연평→주자로 이어진다. 송대 성리학자들은 정좌를 함으로써 흔들리는 마음을 안정시킬 수 있는 계기를 마련하게 되었다. 그러나 너무 정좌에 치우치면 고요함에 빠져 동적인 현실 생활을 망각할 수 있는 위험이 있다. 그래서 정이천은 정좌를 언급하면서도, 동적인 현실 생활을 망각하지 않기 위해서 敬의 개념을 전면에 내세운다. 주자는 정이천의 敬 개념을 수용하고 발전시켜 유학의 수양방법을 종합한다. 주자는 사람이 깨어 있기 위해서는, 즉 敬에 거처하기 위해서는 안과 밖에서 모두 주의를 기울여야 한다고 주장한다. 바깥 사물은 안의 내 마음을 유혹한다. 그래서 유혹하기에 좋은 사물은 상대하지 않음으로써 안의 내 마음을 보호하고 성장시키는 것이다. 주자는 그 실천방법으로 '整齊

嚴肅'하라고 했다. 안의 내 마음을 깨어 있게 하는 방법이 정좌를 하는 것이다. 그런데 정좌는 항상 할 수 있는 것이 아니다. 그래서 動·靜을 아울러서 항상 할 수 있는 방법이 필요하게 된 것이다. 주자는 그 방법을 '主一無適', '常惺惺', '其心收斂不容一物'이라 했다. 이것은 전대 학자들의 방법을 계승하여 종합한 것이다. 마음을 한 가지 일에 집중함으로써 다른 일에 의해서 내 마음이 옮겨가지 않는다. 이것이 '주일무적'이다. '상성성'은 항상 마음을 깨어 있게 해서 다른 일에 의해서 내 마음이 옮겨가지 않게 하는 것이다. '기심수렴불용일물'은 마음이 어디에 붙잡혀 있으면 가령 돈·여색 등에 붙잡혀 있으면, 자기 앞에 다가오는 사물을 있는 그대로 볼 수 없다. 그래서 마주하는 사물을 있는 그대로 보려면 내 마음이 어디에도 붙잡혀 있어서는 안 된다. 마음이 어디에도 붙잡혀 있지 않은 표현을, 한 물건도 받아들이지 말라고 하였다. 주자는 이와 같이 안과 밖으로 주의를 기울여 자신을 깨어 있게 할 수 있었다. 주자의 공부방법이 여기서 그치는 것이 아니다. 마음이 깨어 있어도 다가오는 대상 사물에 대해서 아는 것이 없으면, 내가 구체적으로 어떻게 대응해야 될지 모른다. 그래서 대상 사물이 가지고 있는 이치를 알아야 한다. 이 방법이 이치를 궁구하는 것, 즉 '窮理'이다.

맹자에서는 '集義', '盡心', '知言'을 가지고 窮理에 대한 개념을 서술했다. 義는 내면에 있는 것이기도 하지만 외면에 있는 것이기도 하다. 가령 효도를 할 때 '어떻게 하는 것이 참된 효도인가'라고 망설일 때, 가장 빠른 길은 성현들이 기록해 놓은 책을 연구함

220

으로써 참된 효도에 대해서 알게 된다. 그것은 성현들이 효도에 대한 실천 항목을 책에다 이미 기록해 놓았기 때문이다. 그러므로 후배들은 마음을 다해서 그 내용을 반복해서 읽으면 마음이 그 내용을 알게 되고, 알게 된 내용이 그대로 현실 생활에 표현되도록 하면 되는 것이다.

송대의 窮理에서 중요한 것은 '德性之知'와 '見聞之知'이다. 주자는 「격물보망장」에서 사람의 마음은 신령스러워 근원적인 앎(德性之知)을 가지고 있다. 그런데 현실 생활에서 근원적인 앎이 드러나 지혜롭게 살지 못하고, 항상 욕심에 이끌리는 삶을 사는 것은, 우리의 앎이 피상적인 수준에서 머물러 있기 때문이라고 한다. 그러므로 지혜롭게 살기 위해서는 근원적인 앎을 다시 회복해야 되는 과제가 우리에게 주어진다. 그 방법으로 주자는 사물이 가지고 있는 이치에 주목한다. 사물의 이치를 연구하지 않았기 때문에, 나의 근원적인 앎도 알 수 없다고 주자는 주장하고 있다. 사물의 이치를 연구하는 순서는, 우선 이미 알고 있는 이치를 발판으로 해서 더욱 깊숙하게 파고들어 가는 것이다. 이것은 견문지지를 발판으로 해서 덕성지지까지 도달하는 것이다. 물론 단번에 덕성지지에 도달할 수 있는 것은 아니다. 왜냐하면 사람들은 보고 들은 지식에 붙잡혀 있기 때문이다. 주자는 기존에 붙잡혀 있는 지식에서 벗어나서 내 본래의 앎에 도달하려면 힘을 사용하는 것이 오래되어야 한다고 한다. 오랫동안 힘을 기울이면, 문득 어느 순간에 확 트여 모든 사물의 원리는 물론이고 내 마음의 뿌리와 쓰임에도 통달한다고 한다.

　　장재와 정이천도 이와 같은 과정을 기록하고 있지만 주자만큼 체계적인 서술은 하고 있지 않다. 장재와 정이천의 방법을 바탕으로 주자에 이르러 완성된 것이다. 궁리공부를 할 때, 경공부는 항상 함께해야 한다. 궁리공부 자체가 마음의 인식기능을 사용해서 대상 사물을 알아가는 과정이기 때문에, 이것만 오래 하다 보면 마음의 인식기능이 깨어 있지 못해서 사물의 이치를 제대로 파악하지 못하는 결과를 초래한다. 이럴 경우에 모든 인식기능을 중단하고, 마음에 새로운 활력소를 공급할 필요가 생긴다. 이 과정을 주자는 '하루에 반은 독서하고 반은 정좌하라'고 서술하고 있다. 독서를 오래 하면 몸과 마음이 피곤한데, 이 피곤해진 몸과 마음을 다시 원래의 상태로 회복하는 데 정좌만큼 좋은 방법은 없었던 것이다. 그러므로 敬과 窮理는 분리할 수 없는 공부방법임을 알 수 있다.

# 參考文獻

## 가. 原　典

『朱子大全』, 보경문화사, 1991.

『朱子語類』, 위청덕 편, 중화서국, 1983.

『四書集註』, 경서본, 성대 대동문화연구원, 1993.

『四書或問』, 보경문화사, 1986.

『近思錄』, 이기동 옮김, 홍익출판사, 1998.

『近思錄Ⅰ·Ⅱ』, 이광호 역주, 아카넷, 2004.

『大學·中庸集註』, 성백효 역주, 전통문화연구회, 1990.

『論語集註』, 성백효 역주, 전통문화연구회, 1990.

『孟子集註』, 성백효 역주, 전통문화연구회, 1991.

『朱子語類』(4책)(1-13권), 허탁 이요성 역주, 도서출판 청계, 1998.

『性理大全』, 호광 등 찬, 공자문화대전 본, 산동우의서사, 1987.

『二程集』, 程顥 程頤 撰, 왕효어 點校, 中華書局, 1984.

『張載集』, 張載 撰, 章錫琛 點校, 中華書局, 1978.

『六祖壇經』, 정병조 역해, 한국불교연구원, 1998.

## 나. 단행본

[韓國]

김충렬, 『중국철학산고1·2』, 온누리, 1988.

송항룡, 『동양철학의 문제들』, 여강출판사, 1992.

서경요, 『한국유교지성론』, 성균관대학교출판부, 2003.

류인희, 『朱子哲學과 中國哲學』, 범학사, 1980.

이강대, 『朱子學의 人間學的 理解』, 예문서원, 2000.

윤영해, 『朱子의 禪佛敎批判 硏究』, 민족사, 2000.

이광률, 『朱子哲學硏究』, 중문출판사, 1995.

이승환, 『유가사상의 사회철학적 재조명』, 고려대학교출판부, 1998.

이기동, 『大學·中庸講說』, 성균관대학교출판부, 1998.

이기동, 『論語講說』, 성균관대학교출판부, 1992.

이기동, 『孟子講說』, 성균관대학교출판부, 1993.

이기동 著, 정용선 譯, 『동양삼국의 주자학』, 성균관대학출판부, 2003.

한국동양철학회(편), 『동양철학의 본체론과 인성론』, 연세대학교출판부, 1991.

한국정신문화연구원(편), 『유교의 현대적 해석과 미래적 전망』, 청계, 2004.

김형효, 『물학·심학·실학』, 청계, 2003.

김철운, 『유가가 보는 평천하의 세계』, 철학과 현실사, 2001.

주자사상연구회(편), 『朱子思想과 朝鮮의 儒者』, 혜안, 2003.

임헌규, 『유가의 심성론과 현대 심리철학』, 철학과 현실사, 2001.

최진덕, 『주자학을 위한 변명』, 청계출판사, 2000.

최정묵, 『주자의 도덕철학』, 국학자료원, 2001.

이용주, 『주희의 문화 이데올로기』, 이학사, 2003.

손영식, 『이성과 현실-송대 신유학에서 철학적 쟁점의 연구』, 울산
　　　대출판부, 1999.

김대원, 『祖師禪의 實踐과 思想』, 장경각, 2001.

변원종·최정묵, 『주자의 철학사상』, 문경출판사, 2002.

송주복, 『朱子書堂은 책을 어떻게 읽었나』, 청계, 1999.

한형조, 『왜 동양철학인가』, 문학동네, 2000.

장성모, 『주자와 왕양명의 교육이론』, 성경재, 2004.


[中國]

馮友蘭 著, 박성규 譯, 『中國哲學史』, 까치, 1999.

勞思光 著, 정인재 譯, 『中國哲學史』(송명편), 탐구당, 1987.

徐復觀, 『中國人性論史』, 商務印書館, 1968.

蒙培元, 『理學範疇系統』, 人民出版社, 1989.

方克立, 『中國哲學思想的知行觀』, 人民出版社, 1982.

熊 琬,『宋代理學與佛學之探討』, 文津出版社, 1985.

張立文 主編,『理』, 中國人民大學出版社, 1991.

張立文,『宋明理學研究』, 中國人民大學出版社, 1985.

張立文,『朱熹思想研究(上·下)』, 谷風出版社, 1986.

陳來 著, 이종란 외 譯,『주희의 철학』, 예문서원, 2002.

陳來 著, 전병욱 譯,『양명철학』, 예문서원, 2003.

陳來 著, 안재호 譯,『송명성리학』, 예문서원, 1997.

周天令 著,『朱子道德哲學研究』, 文津出版社, 1999.

徐遠和 著, 손흥철 譯,『程·朱 철학의 뿌리를 찾아서』, 동과서, 2000.

李日章 著,『程顥·程頤』, 東大圖書公司, 1986.

王孺松 著,『朱子學(上·下)』, 敎育文物出版社.

謝仲明 著, 김기현 譯,『유학과 현대세계』, 서광사, 1998.

羅光 著,『儒家生命哲學』, 臺灣學生書局, 民國83년.

陳榮捷,『朱子新探索 上·下』, 學生書局, 1986.

陳榮捷 著, 표정훈 譯,『朱子講義』,, 푸른역사, 2001.

大慧宗杲禪師 著, 장순용 譯,『참선의 길』, 고려원, 1997.

陳淳,『北溪字義』, 김영민 譯, 예문서원, 1993.

劉述先,『朱子哲學思想的發展與完成』, 學生書局, 1982.

田浩,『朱熹的思惟世界』, 允晨文化, 1996.

侯外廬 著, 박완식 譯,『宋明理學史1·2』, 이론과실천사, 1993.

金春峰,『朱熹哲學思想』, 東大書局, 1998.

謝仲明 著, 김기현 譯,『유학과 현대세계』, 서광사, 1998.


[日本]

島田塗次 著, 김석근 譯,『주자학과 양명학』, 까치, 1977.

荒木見悟 著 심경호 譯,『불교와 유교』, 예문서원, 2000.

大濱晧 著, 이형성 譯,『범주로 보는 주자학』, 예문서원, 1997.

三浦國雄 著, 김영식·이승연 譯,『인간주자』, 창작과비평사, 1996.

中村元 著, 김지건 譯,『중국인의 사유방법』, 까치, 1990.


## 다. 논 문


공영립,「朱子 倫理思想의 本質에 관한 硏究」, 성균관대 박사학위
    논문, 1985.

이광호,「李退溪 學問論의 體用的 構造에 관한 硏究」, 서울대 박사
    학위논문, 1993.

김미영,「朱熹의 佛敎批判과 工夫論 硏究」, 고려대 박사학위논문, 1998.

변원종,「朱子學의 哲學的 特性에 관한 硏究」, 영남대 바사학위논
    문, 1995.

안은수,「朱熹의 自然觀과 그 成立에 관한 硏究」, 성균관대 박사학
    위논문, 1996.

윤용남, 「朱子의 體用 理論에 관한 研究」, 성균관대 박사학위논문, 1993.

이동희, 「朱子學의 哲學的 特性과 그 전개 양상에 관한 研究」, 성균관대 박사학위논문, 1990.

홍원식, 「程朱學의 居敬窮理說 研究」, 고려대 박사학위논문, 1991.

한형조, 「주희에서 정약용으로의 철학적 사유의 전환」, 한국정신문화연구원 한국학대학원 박사학위논문, 1992.

함현찬, 「張載 氣哲學의 天人合一的 人性論 研究」, 성균관대 박사학위논문, 1999.

김우형, 「朱熹의 知覺論 研究」, 연세대학교 박사학위논문, 2003.

임옥균, 「戴震哲學에 나타난 朱子學的 思惟의 批判에 관한 研究」, 성균관대 박사학위논문, 1994.

김수청, 「朱熹의 敬 思想 研究」, 동아대 박사학위논문, 1994.

송하경, 「王陽明의 良知說에 관한 研究」, 『유교사상연구』, 1집, 1986.

송석준, 「한국 양명학과 실학 및 천주교와의 사상적 관련성에 관한 연구」, 성균관대 박사학위논문, 1992.

윤용남, 「朱子 理說의 再構成」, 『동양철학연구』, 9집, 1988.

오석원, 「心經의 構成과 修養論 研究(1·2)」, 『동양철학연구』, 36·37집, 2004.

송봉구, 「朱子의 居敬에 관한 研究」, 『유교사상연구』, 21집, 2004.

양승무, 「朱子의 格物致知說 研究」, 『유교사상연구』, 2집, 1987.

이상익, 「朱子學의 主客合一論과 그 解體」, 『정치사상연구』, 4집, 2001.

· 저자 ·

송봉구
(宋奉穎)

· 약 력 ·

성균관대학교 유학대학 동양철학과 졸업
성균관대학교 대학원 유학과 석사
성균관대학교 대학원 유학과 박사
한국동양철학연구회 회원
한국유교학회 회원
영산대학교 자유전공학부 교수

· 주요논저 ·

「맹자의 호연지기 연구」
「정이천의 심성 거경궁리론 연구」
「주자의 거경에 관한 연구」
외 다수

## 주자의 공부방법론 연구

· 초판 인쇄 │ 2007년 2월 28일
· 초판 발행 │ 2007년 2월 28일

· 지 은 이 │ 송봉구
· 펴 낸 이 │ 채종준
· 펴 낸 곳 │ 한국학술정보㈜
　　　　　　경기도 파주시 교하읍 문발리 526-2
　　　　　　파주출판문화정보산업단지
　　　　　　전화 031) 908-3181(대표) · 팩스 031) 908-3189
　　　　　　홈페이지 http://www.kstudy.com
　　　　　　e-mail(출판사업부) publish@kstudy.com
· 등 록 │ 제일산-115호(2000. 6. 19)
· 가 격 │ 15,000원

ISBN  978-89-534-6348-6 93150 (Paper Book)
　　　　978-89-534-6349-3 98150 (e-Book)